Vera Starker · Katharina Roos · Sebastian Holtkemper

SCHLUSS MIT LUSTIG?

Über das Ende der Neuen Arbeit – **und warum das der falsche Weg ist.**

Für CEOs, Managerinnen, Geschäftsführer, Vorständinnen und Aufsichtsräte, die vor der Herausforderung stehen, ihre Unternehmen erfolgreich durch Strukturwandel und multiple Krisen in eine gewinnbringende sozial-ökologische Marktwirtschaft zu steuern.

WARUM DIESES BUCH?

Als mich im vergangenen Jahr ein mittelständischer Konzern wegen einer Transformationsbegleitung anfragte, holte mich – äußerst ungewöhnlich – der CEO selbst am Aufzug in der Chefetage ab. Normalerweise übernehmen das die jeweiligen Assistentinnen. Kurz vor der Bürotür hielt er abrupt inne und drehte sich zu mir um. „Bevor wir zu meinen Vorstandskollegen hineingehen, wollte ich noch eines klarstellen. Sie machen als Beraterin ja auch viele von diesen New-Work-Sachen. Das ist hier nicht Teil des Auftrags. Wir haben Sie angefragt, weil Sie uns wegen Ihrer Restrukturierungs- und Transformationserfahrungen von einem anderen Unternehmen empfohlen wurden. Wir befinden uns aktuell in einer schwierigen Lage, und deswegen ist bei uns jetzt Schluss mit lustig. Wir müssen uns endlich wieder auf die Arbeit konzentrieren und haben keine Zeit mehr für diesen ganzen Firlefanz!" Bevor ich reagieren konnte, hatte er mich schon in den Meeting-Raum geschoben und sich wieder abgewandt.

Den Auftrag habe ich nicht angenommen – zu weit lagen die Überzeugungen auch im Thema der Restrukturierung voneinander entfernt – dafür aber den Titel für dieses Buch gefunden. „Schluss mit lustig!" scheint das Empfinden vieler Unternehmensentscheider widerzuspiegeln (Gendern ist hier nicht vonnöten, weil, bis jetzt jedenfalls, weibliche Beispiele fehlen), die Neues Arbeiten, also New Work, als Ausflug nach Disneyland einordnen und wahrscheinlich sogar erleichtert sind, diesen ganzen *Firlefanz* – unter dem Deckmantel der Krise – endlich wieder loszuwerden zu können. Offenbar ist es in den vergangenen 15 Jahren nicht gelungen zu verdeutlichen, dass Neue Arbeit ein relevanter Wirtschaftsfaktor in einer digitalisierten und komplexen Arbeits- und Unternehmenswelt ist – heute sogar mehr denn je in einem von Krisen geprägten volatilen und widersprüchlichen Unternehmensumfeld. Soll Ihr Unternehmen in diesem Umfeld oder in einer Krise wirklich auf jemanden setzen, der auf eine Entscheidung von oben wartet, bevor er handelt? Oder wären Sie nicht doch zuversichtlicher mit einer Mitarbeiterschaft im Rücken, die Verantwortung übernimmt und Probleme beherzt mit anpackt? Letzteres nennt sich Selbstverantwortung – ein Kernbestandteil von Neuer Arbeit.

Andererseits kann man den Unternehmerinnen und Unternehmern ihre Haltung zumindest dort kaum verdenken, wo die Missinterpretation von New Work seitens der Beratungsbranche durchaus dazu führte, dass Disneyland angeboten und – meist seitens der HR-Abteilungen – auch begeistert angenommen wurde. Das fällt diesen Unternehmen jetzt auf die Füße, weil eine wirksame Transformation der Organisation nicht stattgefunden hat.

Mich hat dieses Gespräch mit dem CEO nicht losgelassen. Deswegen halten Sie dieses Buch in Händen, dessen Grundlage die gemeinsam mit Dr. Katharina Roos durchgeführte Studie über die Auswirkungen der allgemeinen Krisenstimmung auf deutsche Unternehmen ist. Das Ergebnis war zu befürchten: In den Führungsetagen stehen die Zeichen auf „Retro“ – zurück in alte, autoritäre Muster und in die klassische Restrukturierung. Das Ende der Neuen Arbeit?

Ich möchte mich bei Dr. Katharina Roos bedanken, die dieses Buch mit ihrer großen Expertise und ihren Erfahrungen u. a. in datengetriebener Organisationsentwicklung sehr bereichert hat. Und wir beide möchten uns bei Sebastian Holtkemper, Geschäftsführer eines mittelständischen IT-Unternehmens, für seine hier eingebrachten praktischen Erfahrungen in der Umsetzung von New Work bedanken.

Nun hoffen wir, dass dieses Buch in gewisser Weise eine Zumutung für Sie sein wird, weil es nicht ohne Ihr kritisches Nachdenken auskommt. Dann hätte es diese Lektüre geschafft, das Disneyland-Niveau zu verlassen und die ernstzunehmende Frage aufzuwerfen, wie sich Unternehmen in Krisenzeiten gleichzeitig transformational und resilient aufstellen können und welche Rolle die Arbeitsgestaltung dabei spielt.

Vera Starker
Berlin, im Juli 2024

INHALTSVERZEICHNIS

VORWORT

Im Oktober 2022 wurden der Ökonom Michael Hüther, Direktor des Instituts der deutschen Wirtschaft Köln (IW), und ich vom Handelsblatt zu der Frage interviewt, was gegen den Fachkräftemangel helfen könnte: 42 Stunden pro Woche arbeiten oder nur 25?

Die Positionen waren relativ schnell klar: Als Ökonom schlug Herr Hüther die von ihm prominent propagierte 42-Stunden-Woche vor, und ich hielt, in Anbetracht meiner sehr guten Erfahrungen mit der 25-Stunden-Woche, tapfer dagegen. Denn als ich mich fünf Jahre zuvor gefragt hatte, wie ich die Zukunft meines Unternehmens gestalten wollte, stand schnell die Frage im Raum, ob die Karten im Kontext der Digitalisierung nicht sowieso neu gemischt werden würden, was die Gestaltung von Arbeit und Arbeitszeit betraf. New Work nahm so langsam Fahrt auf, und als Digitalisierungsexperte war für mich bereits damals ersichtlich, welche immensen Potenziale – neben einer menschzentrierten Unternehmenskultur – in der Digitalisierung lagen. In unserem Streitgespräch bemühte ich mich darzulegen, dass eine verringerte Arbeitszeit bei steigender Produktivität und gleichen Gehältern im Ergebnis trotz der Arbeitszeitverkürzung kein sinkendes Bruttosozialprodukt und damit auch keine Belastung für die Sozialkassen oder niedrigere Steuern bedeuten würde. Man sitzt nur einfach kürzer am Schreibtisch, was darüber kompensiert wird, dass man intelligenter arbeitet, den ROI von digitaler Technik (endlich) zieht und Kommunikationsprozesse und einiges mehr anpasst. Wir haben in meinem Unternehmen intensiv daran gearbeitet und es geschafft, die Produktivität zu erhöhen, und damit den Beweis angetreten, dass Zeit nicht mehr der relevante Faktor ist. Das trifft zugegebenermaßen nicht auf alle Berufe zu, aber selbst in der Pflege, die immer als Negativbeispiel dafür herhalten muss, dass Arbeitszeitverkürzung nicht möglich ist, wird an immer mehr Krankenhäusern die Vier-Tage-

Woche eingeführt, vor allem, indem Bürokratie abgebaut wird. Das Interessante an dem Gespräch war für mich, dass sich – in einem sehr höflichen Miteinander – zwei offensichtlich nicht vereinbare Positionen gegenüberstanden, und das, obwohl wir beide dasselbe Ziel haben: die deutsche Wirtschaft zu stärken. Es geht nur um die Frage, ob das mit klassischen Mitteln wie der Arbeitszeiterhöhung geschehen soll oder durch eine Umstellung der Art und Weise, wie gearbeitet wird. Für Herrn Hüther, und damit vertritt er mit Sicherheit einen großen Teil der deutschen Wirtschaft, ist dies nur irgendein New-Work-Trend. Für mich ist es die Zukunft der Arbeit.

Neue Arbeit hat einen fetten „Not wanted"-Stempel bei vielen Arbeitgebern, egal wieviele Produktivitätsnachweise wir erbringen. Die Frage, die das vorliegende Buch aufwirft und die ich aus dieser Gesprächserfahrung heraus nur bestärken kann, lautet: Wie kommen wir miteinander in einen fachlichen Austausch jenseits eines „Nein-doch"-Dialogs, sodass es eine Offenheit für die wechselseitigen Argumente sowie die wissenschaftliche Evidenz gibt?

Nun steht in Zeiten der Krise nicht nur die 42-Stunden-Woche im Raum, sondern auch die Rückkehr zur autoritären Führung der „harten Hand". Das wäre der Overkill für eine sowieso erschöpfte Mitarbeiterschaft und den Innovationsstandort Deutschland. Ich bin erleichtert und hoffnungsfroh, weil dieses Buch konkrete Lösungsansätze bietet und auf ganzer Linie wissenschaftsbasiert dagegenhält – zum Wohle der Wirtschaft, wohlgemerkt.

Ich wünsche Ihnen, dass dieses Buch Sie ebenso zum Nachdenken anregt wie mich.

Lasse Rheingans
Bielefeld, im August 2024

Die *Lage* ist nicht gut, aber die *Stimmung* ist definitiv ***schlechter*** als die Lage.

– Sebastian Dullien,

Chef des Instituts für Makroökonomie und Konjunkturforschung (IMK)

EINLEITUNG

In Deutschland geben derzeit die Pessimisten den Ton an, und die allgemeine Krisenstimmung und Erschöpfung ist auch in den Unternehmen angekommen.[1] „Verunsicherung, Erschöpfung und Mutlosigkeit sind nicht nur anekdotisch, sondern auch messbar in der Gesellschaft“, sagt Janina Mütze vom Meinungsforschungsinstitut Civey.[2] Viele Demoskopen sehen in den Umfragedaten sogar ein historisches Stimmungstief – wie zum Beispiel das Institut für Demoskopie Allensbach, das seit 1963 regelmäßig fragt: „Würden Sie sagen, wir leben heute alles in allem in einer glücklichen Zeit, oder haben Sie das Gefühlt, dass wir ziemlich schwierige Zeiten durchmachen?“ Aktuell empfinden nur 16 % die Zeitläufte als „glücklich“, aber 72 % als „schwierig“. Dies ist ein Absturz auf den schlechtesten Wert, der je gemessen wurde. Noch vor einem Jahr hielten sich positive und negative Aussagen die Waage.[3] Was ist innerhalb dieses Jahres passiert?

> *Nur in Bulgarien ist die Zufriedenheit noch geringer als in Deutschland.*
>
> – *Ergebnis der „Quality of Life“-Umfrage der EU*

„Die Zuversicht in Deutschland hat klar abgenommen. Das Gefühl der Unsicherheit und gleichzeitig der Ohnmacht wiederum hat zugenommen“, sagt Janina Mütze. „Ein Grund dafür ist das sinkende Vertrauen, dass es jemanden gibt, der die Herausforderungen für einen selbst lösen könnte.“[4]

„Wutreden“ wie die von Theodor Weimer, dem scheidenden CEO der Deutschen Börse, schlagen genau in diese Kerbe der Frustration. Seine Rede wurde heiß diskutiert, von den Rechten und Teilen der Opposition beklatscht – und von vielen Wirtschaftsexperten scharf kritisiert. Ökonomieprofessor Rüdiger Bachmann erklärte, er habe „selten so ein wirtschaftspolitisch inkohärentes Gebrabbel gehört. Vielleicht sollte man sich auch mal diese Frage stellen: mangelnde Management-Qualität in Deutschland als Wachstumshemmnis?“[5]

> *Ich könnte Ihnen eine lange Liste mit Namen von Männern sagen, die einfach nichts ändern wollen. Wir hatten gerade erst ein Meeting mit einem von denen, und er hat die ganze Zeit nur gesagt, dass man das alles nicht brauche, und 100.000 Gründe aufgezählt, warum man nichts anders machen kann als jetzt.*
>
> *– Amy Webb, US-amerikanische Futuristin und Professorin für Strategische Zukunftsplanung, New York University*

Zwischen den ifo-Geschäftsklima-Index-Meldungen – nämlich „Die Stimmung in der deutschen Wirtschaft hat sich im April weiter verbessert und ist so gut wie seit fast einem Jahr nicht mehr. Damit könnte die Konjunktur ihr Tief überwunden haben“ und „Die Stimmung in der deutschen Wirtschaft hat sich im Juni überraschend verschlechtert. Die Unternehmen beurteilten ihre aktuelle Geschäftslage unverändert skeptisch, ihre Aussichten für die kommenden Monate ungünstiger als zuletzt“ – liegen gerade mal acht Wochen. Es geht hinauf und hinunter, nahezu im Wochentakt. Und dann soll es die deutsche Nationalmannschaft in einem Sommermärchen 2.0 richten. Die Absurdität dieser Hoffnung verdeutlicht, dass es, außer auf „die Politik“ zu schimpfen, kaum Ideen zu geben scheint, wie man das Ruder herumreißen und die Unternehmen für eine bessere Zukunft transformieren könnte.

Das neue IMD-Ranking zur Wettbewerbsfähigkeit sieht ebenfalls nicht nur die Politik in der Verantwortung für den Abstieg Deutschlands im Ranking der Wettbewerbsfähigkeit der Länder (von Platz 6 auf 24 in wenigen Jahren). Vielmehr trügen vor allem auch deutsche Unternehmen einen wichtigen Teil zu dieser Entwicklung bei. Die Autoren der Studie monieren, dass viele deutsche Unternehmen zu unflexibel und zu langsam seien, um neue Technologien umzusetzen. Das gelte für grüne Technologien ebenso wie für die Digitalisierung, bei der deutsche Unternehmen im internationalen Vergleich zurückfielen.[6] Bestätigt wird diese Annahme durch eine Studie des Nürnberg Instituts für Marktentscheidungen: Top-Führungskräfte seien bezogen auf Innovationen sogar ängstlicher als der Durchschnittsbürger.[7]

> *Deutschland hat ein Unsicherheitsproblem. Und das ist die eigentliche Dramatik. Die Verunsicherung im Land ist so groß, dass Haushalte und Unternehmen aus Angst vor noch schlechteren Zeiten immer noch mehr Geld zur Seite legen, anstatt es auszugeben oder zu investieren.*
>
> *– Julian Olk, Journalist*

„Die Hoffnungen auf eine Konjunkturerholung haben sich weitgehend zerschlagen. Wir erleben eine Phase wirtschaftlicher Stagnation bei hohen geopolitischen Risiken. Gerade deutsche Unternehmen sind derzeit mit einer erheblichen Nachfrageschwäche bei gleichzeitig hohen Kosten konfrontiert. Die Stimmung ist aktuell in kaum einem Land so schlecht wie in Deutschland“, beobachtet Constantin M. Gall, Managing Partner EY.[8]

Wen wundert es da, dass die allgemeine Krisenstimmung auch im Unternehmensalltag angekommen ist. In der im Juli 2024 erschienenen Studie „In ungewissen Zeiten: Zuversicht und die veränderte Rolle von Führung im Unternehmenskontext“, an der 1.045 Personen teilnahmen, wird deutlich, dass sich die Krisenstimmung sogar in Unternehmen breitmacht, die selbst nicht von Krisen betroffen sind.[9]

Ob das Unternehmen selbst in einer Krise steckt, ist offenbar nicht entscheidend. Die Krisenstimmung breitet sich als Phantomschmerz dennoch aus.

Ein weiteres Ergebnis lässt aufhorchen. Führungskräfte erleben die Krisenstimmung stärker als Mitarbeitende, und das löst bei den befragten Führungskräften ein Bedürfnis nach autoritärer Führung (Strong Leadership) aus. Jetzt sollte man annehmen, dass es den Mitarbeitenden in der Krise ähnlich geht, und sie sich jemanden wünschen, der die Sache in die Hand nimmt, eine klare Richtung vorgibt, nicht diskutiert und stattdessen durchgreift. Überraschenderweise konnte das in der Studie nicht bestätigt werden. Mitarbeitende erwarten und benötigen vielmehr eine größere Klarheit, soziale Regeln und deren Einhaltung sowie klare Strukturen (Cultural tightness).[10]

Mitarbeitende wollen auch in der Krise offensichtlich weiterhin mitdenken und nicht nur gesagt bekommen, was sie zu tun haben.

Zwar erkennen die Führungskräfte diese Bedürfnisse, agieren aber, so ein weiteres Ergebnis, eher aus einem eigenen Bedürfnis nach Autorität heraus. Und so schleichen sich nach Jahren der Arbeitsflexibilisierung, der teilweise durchaus erfolgreichen Einführung von New Work und des durch den Fachkräftemangel evozierten fatalen Trends zur überhöhten Mitarbeiterzufriedenheit auf einmal ganz andere autoritärere Töne wie Durchgriff, Ansagen ohne Diskussion und Kommandoführung ein.

In vielen Firmen geht die Kuschelzeit nun zu Ende.

– Hans-Jürgen Jakobs, Journalist Handelsblatt

„Der scharfe Wind von draußen hat die Geschäftslage verändert – und lässt CEOs durchgreifen. Die Fälle, in denen ein starker

Mann (die genderkorrekte Formulierung ist hier im Prinzip nicht nötig)“, wie es der Journalist formuliert, „harte Entscheidungen verkündet, häufen sich, wahlweise adressiert als Befreiungsschlag, Turnaround, Neustart.“[11] Die Recruiting-Anfragen für Manager mit Restrukturierungskompetenz sind deutlich angestiegen – ebenfalls ein untrügliches Indiz für diese Entwicklung.[12]

> *Restrukturierung ist die Antwort auf alles. Was war noch mal die Frage?*
>
> *– Vera Starker, Wirtschaftspsychologin*

Klingt alles plausibel und bedient Bilder wie „Im Sturm muss der Kapitän die Schotten dichtmachen!“ – und alle nicken wie selbstverständlich. Der Führungsexperte Reinhard Sprenger spricht von einem oszillierenden Prozess zwischen autoritärer und liberaler Arbeitsgestaltung. So sei es doch schon immer gewesen.

Soll das wirklich der Plan sein? Sich die guten alten Zeiten zurückwünschen? Einfach in die schöne Welt der Alpha-Hierarchie mit einem starken Mann an der Spitze zurückpendeln und die Schotten dicht machen? Ausgerechnet in einem Umfeld noch nie dagewesener Komplexität und Ungewissheit alte und lineare Erfolgsmuster zu aktivieren wäre mehr als mutig.

> *Große Herausforderungen lassen sich nicht durch ein Mehr vom Immergleichen lösen.*
>
> *– Gary Hamel,*
> *amerikanischer Ökonom und Unternehmensberater*

Dieses Buch möchte Sie für eine alternative, wissenschaftsgestützte Perspektive gewinnen, nämlich Ihre Bemühungen zur Transformation Ihres Unternehmens zu intensivieren, untrennbar verknüpft mit der konsequenten Transformation der Arbeit

– nicht *trotz* der Krise, sondern *wegen* der Krise. Zugegebenermaßen ist das so in keinem Management-Handbuch nachzulesen. Dort wird in Krisen Restrukturierung und Cost cutting empfohlen – bilanziell auch linear sofort sichtbar, was wiederum für ein situatives Sicherheitserleben im Management und bei den Aufsichtsräten sorgt. Aber welches Unternehmen war adaptiver, intelligenter und resilienter nach einer solchen Restrukturierung? Klassisch zu restrukturieren, stellt den riskanten Versuch dar, der gestiegenen Komplexität mit Linearität zu begegnen, und blendet die Herausforderungen eines komplexen Umfelds und die eigentlich nicht mehr übersehbaren Transformationserfordernisse aus. Die Opportunitätskosten dieses Vorgehens wären für Unternehmen immens hoch – sichtbar allerdings erst mit einiger zeitlicher Verzögerung, und zwar in Form eines weiteren Absinkens in der Wettbewerbsfähigkeit in den kommenden Jahren.

Wir werden also konsequent in diesem Buch durchdeklinieren, welche Auswirkungen ein Rückfall in autoritäre Führung und in klassische Restrukturierung sowohl für die innovative Weiterentwicklung von Unternehmen als auch für den Aufbau einer resilienten Unternehmensorganisation hätte – denn beides ist in einer komplexen Umgebung gefragt. Dem stellen wir Methoden gegenüber, wie sich Unternehmen krisenrobuster aufstellen und *gleichzeitig* innovativer agieren können.

Wenn wir hier von Neuem Arbeiten sprechen, dann sind – so viel vorweg – nicht die zufriedenheitsorientierten Wohlfühlmaßnahmen gemeint, die in vielen Firmen eingeführt wurden, weil man das Konzept Frithjof Bergmanns, des Begründers von New Work, leider gänzlich missverstanden hatte. Die Formel „Macht die Mitarbeitenden zufrieden, dann leisten sie auch viel!“ war – wie wir später noch ausführen werden – der Overkill für New Work und die auf diesem Wege angestrebte Wertschöpfungsorientierung. Anstelle markiger und populistischer Sprüche, dass es „mehr Bock auf Leistung“ bräuchte, setzen wir uns fachlich und wissenschaftsbasiert damit auseinander, unter welchen Bedingungen mehr „Lust auf Leistung“ in den Unternehmen entstehen kann. Das alles wird in den Kontext der veränderten Umgebungsbedingungen von Vielfachkrise und Ungewissheit gestellt.

Eine letzte einleitende Bemerkung sei erlaubt. Seit mindestens 15 Jahren diskutieren wir auf Beraterseite über die veränderten Umfeldbedingungen, die erstmals durch das US-amerikanische Militär nach Ende des kalten Krieges im Akronym VUCA beschrieben und zeitlich versetzt im Wirtschaftskontext etabliert wurden – und deren Folgen für Unternehmen, die sich nun in diesem stark veränderten Umfeld behaupten müssen. VUCA steht als Akronym für *volatil, ungewiss, komplex* und *ambiguitär.* Diese Diskussionen muten aus heutiger Sicht wie die theoretische Führerscheinprüfung an. Man kannte alle Regeln und die Bedeutung der Schilder – all das bereitete einen aber in keiner Weise auf die höllische Komplexität des Straßenverkehrs vor. Jetzt *ist* es VUCA, und die daraus resultierende Ungewissheit und Widersprüchlichkeit macht Unternehmen schwer zu schaffen und wird zum Stresstest für Management-Etagen und Führungskräfte. Interessanterweise wird das VUCA-Akronym offensichtlich erst jetzt in der deutschen Wirtschaft in größerem Umfang wahrgenommen, was sich unschwer daran erkennen lässt, dass es zu den Themen der Summer School 2024 des Handelsblatts gehört, der renommiertesten Wirtschafts- und Finanz-Tageszeitung in deutscher Sprache.

Aber noch mal ganz von vorn: Ist die Rückkehr zu neuen, also eigentlich alten autoritären Strukturen tatsächlich die Antwort auf die veränderten Umfeldbedingungen?

Gerade *jetzt* brauchen wir bei der Arbeit eine *Führungskraft*, die *durchgreift*.

– *CEOs*

in der Studie über Krisenstimmung in deutschen Unternehmen

1. KRISEN ODER DAS NEUE NORMAL

KRISEN UND DIE ALTE SEHNSUCHT NACH AUTORITÄT

> *Je größer und bedrohlicher die Krise wird, bedingt durch exogene Faktoren wie Kriege, desto lauter ertönt der Ruf nach einer starken Führung. Das ist anders als in Friedenszeiten.*
>
> *– Dr. Nicolas von Rosty,*
> *Deutschland CEO Heidrick & Struggles*

Die Frage muss hier lauten: *Wer* ruft hier eigentlich nach einer starken Führung? Die Vermutung, dass dies die Mitarbeitenden seien, konnte in der Studie über Krisenstimmung und ihre Auswirkungen auf Unternehmen – entgegen jeder küchenpsychologischen Grundannahme – jedenfalls nicht bestätigt werden. Diese haben nämlich, wie wir später noch ausführen werden, gänzlich andere Bedürfnisse. Sind es die Aufsichtsräte, die eine starke (autoritäre) Führung für den richtigen Weg durch die Krise halten? Die im Schnitt nur 3,9 Jahre währende durchschnittliche Verweildauer in der CEO-Rolle[13] dürfte jedenfalls kein Garant dafür sein, dass Aufsichtsräte langfristige qualitative Transformationsperspektiven anstreben, denn niemand kann in so kurzen Amtszyklen Unternehmen grundlegend transformieren, wenn er oder sie nicht die volle Rückendeckung des Aufsichtsrates und eine langfristige Perspektive hat. Und die scheint vielerorts zu fehlen, denn fast die Hälfte der CEO-Wechsel erfolgt unplanmäßig. Jeder dritte CEO wird entlassen oder der Vertrag einvernehmlich aufgelöst.[14]

Offensichtlich bedienen Schlagwörter wie *Durchgriff, Restrukturierung* und *harte Entscheidungen* zwar das Sicherheitsbedürfnis der Aufsichtsräte und helfen ihnen zunächst dabei, mit ihrer Unsicherheit umzugehen, beantworten aber keineswegs die grundsätzliche Frage nach der *Future Transformation,* wie wir die qualitative Weiterentwicklung und Transformation der Organisationen hin zu robusten, auch zukünftig wettbewerbsfähigen, resilienten und gleichermaßen adaptiven Unternehmen in diesem Buch nennen wollen.

Von zu vielen Krisen und schlechten Konjunkturzahlen alarmierte Konzernlenker orchestrierten nach Jahren des *Wellness-Managements* eine Leistungs- und Effizienzkultur, konstatierte das Handelsblatt kürzlich.[15] Also gehen wir nochmals einen Schritt zurück, bevor wir weiter der Frage nachgehen, wer sich eigentlich autoritäre Führung aus welchem Grund wünscht. 51 % der CEOs sagen, dass es in der Krise jetzt jemanden braucht, der durchgreift. Führungskräfte sollen Entscheidungen ohne Einbeziehung treffen, Diskussionen unterbinden und durchgreifen. Mit anderen Worten: Die Mittel der Wahl lauten Befehlsempfängertum, bei Entscheidungen klares Top-down, keine Partizipationsmöglichkeiten der Mitarbeitenden und anweisungsgebundenes Arbeiten ohne eigenen Entscheidungsspielraum.

Das ist nicht zu verwechseln mit und klar abzugrenzen von der natürlichen Autorität, die nicht auf sich durchsetzender Positionsmacht beruht, sondern auf Expertise und leistungsfördernder Beziehungsgestaltung. In diesem Fall geht es um eine Form der Autorität, die auf leistungsorientierter Führung basiert, die mit klaren Erwartungshaltungen arbeitet, Leistung einfordert und deren Erbringung nicht davon abhängig macht, wie lange jemand auf seinem Stuhl sitzt, sondern welche Ergebnisse und Wirkungen er erreicht, und ein Arbeitsumfeld, in dem kritisches Feedback und Lernen zum gelebten und akzeptierten Standard gehören. Letzteres ist Teil einer gelebten Leistungs- und Lernkultur und das Gegenteil vom Top-down-Prinzip bzw. dem klassischen tayloristischen Ansatz „Oben wird gedacht und unten wird gemacht!". Aber selbst in sicheren und ruhigeren Zeiten muss man in manchen Unternehmen die Führungskräfte mit der Lupe suchen, die wertschöpfungs-, also ergebnisorientiert führen können. Und da mittlerweile der überwiegende Anteil der Führungskräfte nonstop in Online-Meetings sitzt, gibt es schlicht auch keine Möglichkeiten mehr, im Alltag die Leistung der Mitarbeitenden wahrzunehmen.

Die Krücken, die bislang genutzt wurden, waren Performance-Management-Systeme, die zum Ziel hatten, die Leistungen der Mitarbeitenden zu steigern, was sie allerdings selten tun. Vielmehr führten sie zu interessanten sozialdynamischen Verwicklungen, die mehr die bestehenden Beziehungsmuster spiegelten, als dass sie einen Blick auf tatsächlich erbrachte Leistungen gewährt hätten.

> *Wenn sogar die Wetterbedingungen Einfluss auf die Bewertung nehmen, wie eine Studie feststellte[16], sollte man, wenn man wirklich an Leistungssteigerung interessiert ist, dringend nach Alternativen suchen.*

Bei SAP wurde das Performance System 2016 aus o. g. Gründen abgeschafft. Denn auf einmal war laut der jährlichen Ergebnisse jeder ein High Performer. Auch andere Unternehmen schafften vergleichbare Systeme aufgrund der „sozialbedingten" Fehleranfälligkeit ab. Im Kontext der Restrukturierung werden bei SAP nun die alten Geister zurückgerufen – im Rahmen der sogenannten „Winning Culture". Es geht wieder um harte Performance-Messung und, wen wundert's, das ganze altväterliche Restrukturierungspaket samt Entlassungen, Rückkehrverpflichtung ins Büro und Leistungsmessung. Das kommt auch bei den

Aktionären hervorragend an. Ausgeblendet werden auch hier die entstehenden Opportunitätskosten, die wir weiter unten näher erläutern wollen.

Der Rückfall in autoritäre Muster hat offensichtlich einen psychologischen Effekt für die CEOs selbst, reduziert aber die Leistungen der Mitarbeitenden.

Dass der Krisenmodus bei vielen CEOs zu einer Aktivierung autoritärer Tendenzen führt, lässt sich auch als Selbststabilisierungsversuch deuten. Dafür spricht, dass CEOs auch auf Managementebene zu Top-down gesteuerten, harten Restrukturierungen neigen: 52 % aller aktuellen in den Unternehmen laufenden Prozesse sind klassische Restrukturierungen, und bei 39 % wird die Reduktion der Fixkosten angestrebt[17] – also Cost cutting als ein vergleichbares Szenario. Dass bei hohen Kapitalkosten und ausbleibendem Wachstum die Kosten reduziert werden müssen, gehört natürlich zum Basiswissen. Die Frage nach dem *Wie* ist die relevante. Für den Deloitte Restructuring Report 2023/2024 wurden 190 Experten aus den Bereichen Insolvenzberatung und -verwaltung, Management- und Rechtsberatung sowie Finanzierer (Eigen- und Fremdkapital) und (Interims-)Manager von Unternehmen befragt. Das Ergebnis ist deutlich: 90 % rechnen mit noch mehr Restrukturierungen in den kommenden zwölf Monaten als in den vergangenen, wobei insbesondere die instabile geopolitische Lage, Kapitalkosten und Inflation als Haupttreiber genannt werden.[18] Die klassische Restrukturierung zur Senkung der Kosten und zur Stabilisierung der Liquidität ist also die dominante Form, und die Frage, wie Unternehmen zukunftsfähig, robust und krisenresilient aufgestellt werden können, *Future Transformation* also, spielt aktuell nur eine untergeordnete Rolle.

Die Leute müssen raus aus der negativen Denkweise und der Angst vor Wohlstandsverlust. Sie müssen erkennen, dass sich die Zeiten geändert haben. Was in der Vergangenheit funktioniert hat, wird in Zukunft nicht mehr funktionieren. Dies ist ein Notfall. Die deutsche Wirtschaft braucht mehr Unternehmergeist.

– Amy Webb, US-amerikanische Futuristin und Professorin für Strategische Zukunftsplanung, New York University

Zu ähnlichen Ergebnissen kommt die Studie des Instituts für Beschäftigung und Employability IBE und Hays. Hiernach setzen Unternehmen überwiegend auf reaktive Maßnahmen im Angesicht der vielfältigen Krisen. Am häufigsten handelt es sich dabei um Kosteneinsparungen (54 %), gefolgt von Preisanpassungen (41 %) und Prozessoptimierungen (39 %). Auch hier ist proaktives und antizyklisches Agieren, beispielsweise durch Innovationen, neue Geschäftsmodelle oder Produktentwicklungen, unterrepräsentiert.[19]

Das zyklische Pendeln zwischen autoritären und liberalen Arbeitsstrukturen ist in der Wirtschaft hinlänglich bekannt, und das Comeback des Retro-Managements wird als vermeintlich zwangsläufige Folge der Krise nicht hinterfragt.

Schaut man auf die von den Befragten genannten Herausforderungen, grüßt ewig das Murmeltier: Als größte Herausforderung für die Transformation benannten 36 % der Befragten der Handelsblatt-Studie unklare Ziele der Transformation, 32 % den Widerstand der Mitarbeitenden und 23 % Transformationsmüdigkeit.[20] Mit anderen Worten: die altbekannten Probleme. Laut einer Studie von McKinsey ist aber nur etwa ein Drittel der Restrukturierungen erfolgreich, wobei das Erreichen der ursprünglich gesetzten Ziele als Erfolg definiert wird.[21] Der Restrukturierungsreport 2021 von Deloitte zeigt, dass mit gängigen Unternehmensrestrukturierungen zwar der Liquiditätsengpass behoben wird, aber dass das Grundproblem meistens bleibt, weil eine erforderliche Transformation des Geschäftsmodells ausbleibt.[22] Allgemein liegt die Quote von erfolgreichen Transformationsprozessen konstant niedrig zwischen 12 bis 24% – dabei sind sowohl die Erfolgs- als auch die Misserfolgsfaktoren schon lange bekannt, wie eine Meta-Analyse aus 2021 zeigt.[23] Ein Klassiker: Das Bedürfnis der Mitarbeitenden nach Klarheit und Transparenz wird vonseiten des Managements und der Führungskräfte sehr schlecht erfüllt.[24] Ebendiese Bedürfnisse sind aber das Key-Outcome der aktuellen Krisenstudie auf Ebene der Mitarbeitenden: Klarheit und Transparenz, klare Verantwortungen, soziale Regeln und deren Einhaltung, belastbare Strukturen etc. Und eben *nicht* autoritäre Führung. Offensichtlich braucht es eine Transformation des Managements und der Führung *in* der Restrukturierung, damit umgesetzt wird, was an wissenschaftlichen Erkenntnissen längst vorliegt.

ALLES HAT EIN ENDE, NUR DIE KRISE NICHT?

> *Wir tendieren dazu, uns an der Vergangenheit zu orientieren, und nehmen an, dass die Zukunft die Trends der Vergangenheit imitieren wird.*
>
> – *Michael Lawrence, Forscher Cascade Institute*

Die Definition des Begriffs Krise (lateinisch *crisis*) aus dem Wörterbuch der Politik mutet in Anbetracht der eingetretenen Realität nahezu harmlos an. Eine Krise sei „im Allgemeinen ein Höhepunkt oder Wendepunkt einer gefährlichen Entwicklung in einem natürlichen oder sozialen System, dem eine massive und problematische Funktionsstörung über einen gewissen Zeitraum vorausging und der eher kürzer als länger andauert".[25]

Der beschriebene Singular wird durch neueste Krisenentwicklungen, wie der sogenannten Stapelkrise, abgelöst. Der Begriff beschreibt das Phänomen, dass Krisen nicht mehr aufeinanderfolgend auftreten, die neue also die vorige ablöst, sondern diese sich addieren.

Das Institut für Krisenforschung, ein Spin-off der Universität Kiel, erfasst alle internen oder externen Ereignisse, durch die für Lebewesen, die Umwelt, die Vermögenswerte oder die Reputation eines Unternehmens bzw. einer Institution akute Gefahren drohen, und kommt auf einen Wert von über 40.000 Krisen pro Jahr. Auch wenn das breite Spektrum der „Krisen" bereits darauf hindeutet, dass einige gefährlicher (also für ihr System existenzgefährdender als andere) sind, fällt allein die schiere Menge auf. Wir leben in Zeiten der dicht aufeinanderfolgenden Umbrüche.[26]

Der Technologe Azeem Azhar beschreibt diese Entwicklung als einen Eintritt in das exponentielle Zeitalter, geprägt von beispiellosen und destabilisierenden Veränderungen, eine völlig neue Ära der menschlichen Gesellschaft und Wirtschaftsorganisation. Getrieben durch das enorme Tempo der Digitalisierung entsteht ein entsprechend hoher und dynamischer Entscheidungs- und Gestaltungsdruck. Der Anspruch, den Wandel zu gestalten, stößt laut Azhar in der Realität jedoch auf eine exponentielle Lücke (exponential gap) zwischen rapider technologischer Entwicklung auf der einen und alten Institutionen, Werkzeugen und Denkmustern auf der anderen Seite.[27]

> *In der Polykrise kommt es zu ganz verschiedenartigen Schocks, die dann aber interagieren, sodass der Effekt überwältigender wird als die Summe seiner Teile.*
>
> *– Adam Tooze, Historiker und Katastrophenforscher*

So wird jetzt und auch in absehbarer Zeit eine ganze Reihe neuer Krisen entstehen, die nicht mehr singulär betrachtet und bewältigt werden können. Der französische Philosoph und Komplexitätstheoretiker Edgar Morin und die Journalistin Anne-Brigitte Kern entwickelten dafür bereits 1993 den Begriff der Polykrise, quasi die nicht-lineare Variante der Stapelkrise.

Die Art, wie wir auf Krisen schauen, über sie sprechen und mit ihnen umgehen, muss sich verändern, wenn wir den Polykrisen erfolgreich begegnen wollen.

Eine Polykrise lässt sich definieren als eine Situation, in der das Ganze gefährlicher ist als die Summe seiner Teile. Oder anders gesagt: Die einzelnen Krisen existieren nicht einfach nebeneinander, sondern beeinflussen sich gegenseitig. Sie sind über vielfältige Wirkungskanäle miteinander verbunden, und die Komplexität steigt über die multivernetzten und interdependenten Krisendimensionen.

Gib mir das gute alte Problem zurück!

Krisen stellen unabhängig davon, ob sie sich stapeln oder in Wechselwirkung stehen, (Entscheidungs-)Wendepunkte, etablierte Routinen und Regeln, gewohnte Handlungsformen, Denkweisen, Strukturmuster und Ordnungssysteme infrage. Da ihr Ausgang prinzipiell offen ist, produzieren Krisen systematisch Unklarheit, Ungewissheit und in der Folge ein mögliches Unsicherheitserleben. Und das hat Auswirkungen darauf, wie Menschen ihr Umfeld erleben und wie sie handeln.

ÜBERLEBEN IST ALLES

> *Wir haben im Gehirn ein Angstsystem, das auf der Stufe eines Huhns ist.*
>
> *– Borwin Bandelow, Psychiater und Angstexperte, Universität Göttingen*

Werfen wir einen kurzen und fachlich sehr komprimierten Blick auf den Krisenmodus des menschlichen Gehirns. In erlebten Krisen verengt sich die Wahrnehmung von Menschen, und sie fokussieren auf die Gefahr, um ihr zu begegnen. Das menschliche Gehirn hat jedoch mehr Rezeptoren für Negatives als für Positives, weil seine Hauptaufgabe darin besteht, unser Überleben zu sichern.

Und dieser Fokus versetzt über eine Stressreaktion Körper und Geist in Alarmbereitschaft und ermöglicht die bekannte Kampf- oder Fluchtreaktion oder – wenn weder das eine noch das andere eine Option ist, die Erstarrungsreaktion. Diese Kampf-oder-Flucht-Reaktion ist die Übersetzung von „Fight-or-flight", eines Begriffs, den der US-amerikanische Physiologe Walter Cannon bereits 1915 prägte.

> *Wer andere in der Krise führen will, sollte sich der eigenen Ängste bewusst sein und mit ihnen umgehen können.*

Allerdings erfolgen diese Notfallreaktionen nicht nur bei einer *realen* Bedrohung, sondern auch bei einer nur *empfundenen* Bedrohung. Wenden wir uns nochmals den Studienergebnissen des Nürnberg Instituts für Marktentscheidungen zu, nach denen Top-Führungskräfte in ungewissen Umgebungen sogar ängstlicher seien als Durchschnittsbürger, wenn es um Innovationen gehe. Die Rahmenbedingungen der Studie waren den als bedrohlich erlebten Szenarien der VUCA-Welt nachempfunden.

Offenbar reichte das Experiment an sich schon aus, um Stress auszulösen und infolgedessen die teilnehmenden Managerinnen und Manager risikoaverse Entscheidungen treffen und in alte erfolgsbewährte Muster verfallen zu lassen, obwohl das über die Simulation veränderte Umfeld ein anderes, neues Antwortverhalten benötigt hätte.

Wir sind eh bis zu 95 % unserer Zeit im Reiz-Reaktions-Modus, handeln schnell, unbewusst und eher unüberlegt. Das spart für Routinesituationen viel Energie, ist aber der falsche Modus für Veränderung.

Wenn wir hier von einer Krise als per definitionem vorübergehendem Zustand und nicht intendierter Abweichung von der *Normalität* ausgehen, dann könnte das Zurückfallen der Unternehmen in alte Muster in der Post-Krisenzeit durch erhöhte Innovations- und Transformationsbemühungen wieder kompensiert werden. Möglicherweise. Das würde aber voraussetzen, dass es wieder stabilere Zeiten zwischen den Krisen geben wird.

WAS, WENN ES SO BLEIBT?

The world is changing faster than ever, but it will probably never change this slowly again.

– Sofie Lindblom, Innovationsexpertin und eine der 50 inspirierendsten Europäerinnen in der Technologie

Und gerade davon können wir nicht mehr ausgehen. Wir müssen vielmehr von einer neuen Normalität sprechen. Und da kommt der zumindest aus Beratersicht schon längst abgerittene VUCA-Begriff ins Spiel. Denn trotz kontinuierlicher Selbstbeschäftigung mit diesem Phänomen durch uns Berater scheint der Begriff jetzt erst in den Wirtschaftsetagen Aufmerksamkeit gefunden zu haben. Daher hier noch einmal eine kompakte Zusammenfassung:

Das Akronym VUCA (für die englischen Begriffe *volatility* (Volatilität), *uncertainty* (Unbeständigkeit), *complexity* (Komplexität) und *ambiguity* (Mehrdeutigkeit)) sowie der additiv zu verstehende Begriff BANI zur Erklärung der veränderten Bedingungen (für die englischen Begriffe *brittle* (brüchig, porös), *anxious* (angstauslösend), *non-linear* (nicht-linear) und *incomprehensible* (unbegreiflich) verdeutlichen, dass es sich nicht um eine Krise, einen zeitlich abgrenzbaren Zeitraum handelt, sondern um eine dauerhafte Umfeldveränderung, in der unterschiedliche Krisen Peaks der VUCA-Dimensionen erreichen. *Volatil* steht bei VUCA für die Schwankungsintensität, die über die Dynamik des technologischen Wandels, geopolitische Veränderungen, Disruptionen und nicht zuletzt durch die aktuellen Entwicklungen eingetreten ist.

> *Daraus resultiert eine Ungewissheit, ein Mangel an Berechenbarkeit, ein hohes Maß an unkontrollierbarer Entwicklung und fehlende Vorhersehbarkeit von Ereignissen.*

Das Instabilitätsgefühl steigt mit zunehmender Ungewissheit, und es muss immer mehr Kraft aufgewendet werden, um ein Regulativ zu finden – insbesondere da auf bisheriges Erfahrungswissen nicht zurückgegriffen werden kann. Und daher muss uns – so viel vorweg – der Umgang mit Ungewissheit und Schwankung insbesondere im Kontext von Führung und der benötigten Resilienz von Organisationen unbedingt interessieren.

Die Dynamik unserer Systeme multipliziert sich, während ihre Vernetzung gleichzeitig für Chaos und Verwirrung sorgt. Je mehr wechselseitige Abhängigkeiten und Einflussfaktoren ein System aufweist, desto *komplexer* ist es. Das ist unbedingt zu unterscheiden vom Begriff *kompliziert*. Eine *komplizierte* Sachlage kann zum Beispiel über das Einführen von Oberbegriffen und Strukturen vereinfacht werden – ein komplexes System zerfällt, wenn eine seiner in Wechselwirkung mit den anderen stehenden Variablen aus dem System herausgenommen wird. Interessanterweise werden beide Begriffe oft miteinander verwechselt, was fatal ist, denn die Aktionen, die sie jeweils erfordern, stehen einander diametral gegenüber.

> *Komplizierte Systeme – und von denen haben wir über die Bürokratie jede Menge geschaffen, müssen radikal „entkompliziert" werden. Wir nennen das Industriezeitalter-Inventur.*

Ein Großteil der deutschen Unternehmen schiebt die Schuld an der aktuellen Misere auf die durch die Politik verursachte überbordende Bürokratie – unzweifelhaft ein hoch relevantes politisches Handlungsfeld. Wirft man jedoch einen Blick in die Maschinenräume insbesondere der großen Unternehmen und Konzerne, dann stößt man auf dieselben, sämtliche Prozesse hemmenden und verlangsamenden Strukturen, die gegenüber der Politik beklagt werden.

> *Unternehmen sind überladen mit Hierarchien, komplexen Entscheidungswegen, langwierigen Budgetprozessen, kleinteiligen Performance-Zielen und starren Regeln.*
>
> *– Bill Anderson, CEO Bayer AG*

Bei Amtsantritt von Bill Anderson wurden bei Bayer alle bestehenden internen Regeln zusammengetragen. Das 1.362-seitige Dokument ist Sinnbild dafür, dass offensichtlich nahezu jeder Schritt gemäß einer Regel zu erfolgen hatte. Damit dürfte Bayer allerdings keine Ausnahme sein. Es wurden bürokratische und unglaublich komplizierte Systeme geschaffen, die eine insbesondere in Zeiten der Umbrüche erforderliche Beweglichkeit von Unternehmen massiv behindern. Es wäre also hilfreich, wenn die (zu Recht) über die deutsche Bürokratie schimpfenden Unternehmer in ihren Unternehmen für Entlastung sorgen könnten – durch radikale Entbürokratisierung, eine *qualitative* Restrukturierung, deren Return on Investment (ROI) in einer höheren Agilität der Organisation mündet und damit schon mal 50 % des Bürokratie-Problems lösen könnte. Damit würde die Angewiesenheit auf die Politik ein Stück weit sinken und die Selbstwirksamkeit steigen.

Komplexe Systeme hingegen kann man nicht vereinfachen. Man kann nur seinen Umgang damit adäquat gestalten. Ein Beispiel? Häufig wird der Begriff des *Beherrschens* verwendet. Wer Komplexität beherrschen möchte, hat jedoch nicht ansatzweise verstanden, was Komplexität eigentlich ist. Auf komplexe Systeme mit Restrukturierung zu reagieren hat schon in der Vergangenheit nicht gut funktioniert, und der ROI blieb häufig aus. Auch Bayer hatte diverse klassische Restrukturierungsrunden gedreht, aber nach eigenen Angaben blieben die nachhaltigen Effekte aus.

> *Für jedes komplexe Problem gibt es eine einfache Lösung. Und die ist garantiert falsch.*
>
> *– Peter Gomez, Schweizer Ökonom und Prof. em. Universität St. Gallen*

Das A von VUCA steht für *Ambiguität* und beschreibt die Mehrdeutigkeit einer Situation oder Information und das Fehlen von monokausalen Ursache-Wirkung-Zusammenhängen. Die häufigste Folge von Mehrdeutigkeit ist, dass Fehlinterpretationen und Missverständnisse zunehmen – und auf der Handlungsebene, trotz des Vorhandenseins vieler Informationen, keine Handlungssicherheit eintritt. Unter den Bedingungen der VUCA-Welt bedeutet Ambiguität vor allem, dass das Vorliegen aller Fakten per se schon nicht mehr ausreicht, um Handlungssicherheit zu erzeugen – weil deren Bewertung immer noch mehrdeutig sein kann. Für Menschen, die sich mit Komplexität schon länger auseinandersetzen, ist das ein alter Hut. Denn in komplexen Systemen gibt es keine monokausalen Wirkungszusammenhänge.

> *Nichts unterscheidet fähige von unfähigen Managern so sehr wie ihre Fähigkeit, mit Widersprüchen umzugehen.*
>
> *– Peter Drucker, US-amerikanischer Ökonom und Pionier der modernen Managementlehre*

Das Unternehmensumfeld wird auch künftig deutlich weniger stabil und vorhersehbar (also volatil und unbeständig) sein, die Bedingungen bleiben – konservativ betrachtet – auf diesem Komplexitätsniveau, und die Unternehmensentscheiderinnen und -entscheider werden es auch künftig mit deutlich mehr widersprüchlichen Informationen zu tun haben. Ausgerechnet Letzteres, also die Mehrdeutigkeit, mag unser Gehirn aber überhaupt nicht, weil es vorausschauend planen und die für uns wichtigen, demnächst eintretenden Ereignisse voraussehen will, um uns zu schützen, falls es brenzlig wird. Das gilt ebenso im Unternehmenskontext. Denn, wie soll man es anders sagen ... CEOs sind auch nur Menschen und nicht für die Bewältigung solcher Polykrisen ausgebildet. Wie auch, haben sie es doch hier mit einem völlig neuen Phänomen zu tun.

Das menschliche Gehirn greift, konfrontiert mit etwas Unbekanntem, innerhalb von Millisekunden auf bisherige Erfahrungen zurück – es schaut quasi in den Rückspiegel (ein CEO also auf die eigene Management- und Führungskarriere) und zieht seine Schlüsse daraus, die zur Wiederholung bereits bewährten Verhaltens führen. Dafür muss kaum Energie aufgewendet werden, etwas, das unser Gehirn wiederum sehr schätzt. Insbesondere unter Druck erfolgt dieser Rückgriff innerhalb weniger Millisekunden, und es wird mehr des Bisherigen gemacht. Das bedeutet aber gerade nicht, dass es per se situationsadäquat ist. Und hier liegt die Herausforderung, zu unterscheiden, wann bewährte Methoden die richtige Antwort auf die Herausforderung sind und wann nicht.

> *Sobald man davon ausgeht, dass die Menschen eben nicht komplett rational handeln, wird man auch nicht mehr annehmen, dass die Leute die besten Entscheidungen treffen.*
>
> – *Daniel Kahneman, Psychologe, em. Hochschullehrer und Wirtschaftsnobelpreisträger*

Ein weiterer Aspekt stellt eine Herausforderung im Umgang mit Mehrdeutigkeit dar: Unser Gehirn agiert permanent ähnlich wie ein Orakel – und wenn das Vorhergesagte tatsächlich eintritt, entsteht Entspannung. Unser Denkorgan sucht sogar nach Faktoren, welche die eigenen Annahmen bestätigen (während nicht bestätigende Faktoren häufig ausgeblendet werden). Wenn das Orakel aber aufgrund von Mehrdeutigkeit, Ungewissheit und Komplexität keine Vorhersagen mehr verkünden kann, weil das eigene Erfahrungswissen als Grundlage nicht mehr ausreicht, muss deutlich mehr Energie aufgewendet werden. Denn dann ist Nachdenken angesagt. Etwas, dem – wie wir später noch zeigen werden – im Management-Alltag eindeutig zu wenig Raum gegeben wird. Insofern ist es nicht verwunderlich, wenn so manche Führungskraft trotz völlig neuer Anforderungen durch ein komplett verändertes Umfeld alte Lösungen plötzlich wieder attraktiv findet.

Es gibt im Leben Augenblicke, da die Frage, ob man anders denken kann, als man denkt, und auch anders wahrnehmen kann, als man sieht, zum Weiterschauen und Weiterdenken unentbehrlich ist.

– Michel Foucault, französischer Philosoph

Kommen wir zum Kerngedanken dieses Kapitels zurück. Haben wir es hier mit einer Krise zu tun, oder ist es nicht vielmehr das „Neue Normal", eine große Veränderung, die bleiben – und eine VUCA-Welt, die durch Polykrisen noch komplexer werden wird. Wenn es so wäre, dann käme die deutsche Wirtschaft aus der Restrukturierung und aus dem autoritären Leadership so lange nicht heraus, wie sie die *Future Transformation* nicht vollzogen hat. Als *Future Transformation* definieren wir, wie bereits skizziert, die qualitative Transformation der Geschäftsmodelle, der Organisation hin zu einem krisenrobusten, agilen und adaptiven Organisationsdesign und die konsequente Einführung dezentraler Verantwortung und Empowerment-orientierter Führung.

„Jeder Geschäftszyklus benötigt einen anderen Führungstyp. In der Wachstumsphase braucht man innovative Leute, im Moment einer Krise dagegen harte Sanierer, die dennoch empathisch und ansprechbar wirken", war im Handelsblatt zu lesen. Die relevante Frage ist doch vielmehr, welchen Führungstypus braucht es in einem noch nie dagewesenen Umfeld, in dem Unternehmen, vor allem diejenigen, die schwache oder anfällige Geschäftsmodelle haben, zugleich krisenbedingt agieren und qualitativ transformieren müssen. Auf Erfahrungswissen kann hier nicht mehr zurückgegriffen werden. Und erstaunlicherweise (oder auch nicht) fällt hierzulande die Wahl auf die Krisenbewältigung in Form der klassischen Restrukturierung. Wenn dieses „Neue Normal" aber keine Phase ist – und es sieht ganz danach aus – wird so manches Unternehmen seine zukünftige Wettbewerbsfähigkeit verspielen zugunsten einer nicht langanhaltenden Renditesicherung und einer mittels Restrukturierung herbeigesehnten Reduktion der Komplexität.

WARUM RETRO-FANTASIEN ENTWICKLUNG VERHINDERN

> *Die Deutschen befinden sich psychologisch betrachtet nicht in einer (visionären) Zeitenwende, sondern in einer gedehnt wirkenden Nachspielzeit. Sie hoffen, dass die Verhältnisse, die sie kennen und schätzen, wenigstens noch eine gewisse Zeit fortbestehen. Eine aktivierende, von Ideen getragene Aufbruchsstimmung bleibt weitgehend aus.*
>
> *– Ismene Poulakos, Journalistin*

Dass wir die Vergangenheit als sogenannte gute alte Zeit wahrnehmen, ist zumindest in Teilen auf eine verzerrte Wahrnehmung zurückzuführen, denn unser Gehirn speichert schöne Erinnerungen ab, die wir gern bewahren wollen. Negative Eindrücke hingegen verblassen im Laufe der Zeit häufig, sodass uns die früheren Lebensabschnitte deutlich positiver in Erinnerung bleiben, als sie tatsächlich waren. Wir Menschen verfallen also schnell dem Glauben, dass das Leben früher ganz allgemein besser war, auch als „Rosige-Vergangenheit"-Verzerrung bekannt.

> *Unser Gedächtnis konserviert kostbare Momente wie in einem Schneekugel-Idyll.*

Der tiefe Wunsch, die alte, erfolgreiche Zeit zurückzuholen, treibt mitunter seltsame Blüten. Fakten werden ausgeblendet, und der Kulturkampf zwischen Anhängern von Atomkraft und Fans von Erneuerbaren Energien oder auch zwischen Befürwortern von E-Autos und Verteidigern von Verbrennern ist in Deutschland in vollem Gange. Interessant daran ist, dass die Konservativen die

Rückkehr der „alten“ Technologien in den Kontext der guten alten Zeit setzen, in der die deutsche Mittelschicht noch an das Versprechen ewigen Wohlstands und Wachstums glauben durfte.

Die hinter diesen Paradigmenwechseln liegenden ökonomischen und ökologischen Prämissen sind kompliziert und komplex zugleich und nur für Expertinnen und Experten überhaupt in ihrer Wirkung auf den Klimawandel und die Wirtschaft einschätzbar. Uns geht es im Übrigen nicht darum, Stellung zu diesen Fragen zu beziehen, auch wenn wir eine klare Haltung pro Erneuerbare vertreten, sondern um die diese Auseinandersetzungen begleitenden sozialdynamischen Entwicklungen. Durch den solcherart befeuerten Kulturkampf stehen wir nämlich vor der absurden Situation, dass seitens einiger Medien unbestätigte Behauptungen mit Expertenaussagen gleichgesetzt werden und Menschen ein erhöhtes Sicherheitsgefühl erleben, weil wieder Atomkraftwerke gebaut werden oder das sogenannte Verbrenner-Aus, dass es faktisch gar nicht gibt, auf europäischer Ebene bekämpft wird. Hauptsache, die nostalgischen Gefühle der guten alten Zeit werden wiederbelebt. Wir befürchten, dass der Preis doppelt und dreifach hoch ist. Wir verlieren wichtige Jahre im Klimaschutz, die Verbraucher sind verunsichert und investieren nicht, und es wird viel Energie in den Kampf und das Bewahren des Alten investiert, die bei der konsequenten Innovierung der Geschäftsmodelle fehlt.

Die Welt braucht Innovationen – hier liegen Deutschlands Chancen.

– Bill Anderson, CEO Bayer AG

Nostalgie ist allerdings nicht per se als negativ zu bewerten. Ein Forschungsteam rund um Constantine Sedikides identifizierte drei Funktionen der Nostalgie: eine Selbstorientierungsfunktion – die das Selbstbewusstsein und positive Sichtweisen stärkt –, eine Existenzfunktion – die den Blick für die Sinnhaftigkeit des eigenen Lebens schärft – und eine Sozialfunktion – die die Verbundenheit mit liebgewonnenen Menschen festigt.[28] Daraus lässt sich schlussfolgern, dass Menschen, die Nostalgie auslösende Reize suchen, zum Beispiel durch das Betrachten von Erinnerungsfotos oder Aufheben von altem Kinderspielzeug, auf unbewusster Ebene gut für sich sorgen. Im Bereich der Resilienzforschung wird es als innere Ressource bewertet, wenn sich Menschen während einer Krise ins Gedächtnis rufen können, dass sie in der Vergangenheit bereits ähnliche Schwierigkeiten bewältigt haben, denn das kann zuversichtlich machen und das Selbstbewusstsein steigern: „Das wäre doch gelacht! Ich habe wirklich schon so einiges überstanden, zum Beispiel damals, als ..." In einem Versuchsaufbau baten die Sozialpsychologin Wing-Yee Cheung[29] und ihr Team die eine Hälfte einer Versuchsgruppe, sich an ein schönes, nostalgisch stimmendes Ereignis zu erinnern. Der zweite Teil der Gruppe sollte sich an etwas erinnern, mit dem die Testpersonen keine nostalgischen Erinnerungen verbanden. Und siehe da: Nur bei der ersten Gruppe, die in nostalgischen Erinnerungen schwelgen durfte, entstand Optimismus. Wie wäre es, wenn wir nicht nostalgisch an „früherer" Technik kleben, sondern den Glauben an deutsche Erfinder-Tugenden reaktivieren würden?

Bei MRT-Untersuchungen zeigte sich im Übrigen, dass bei Menschen, die sich nostalgischen Gefühlen hingeben, Gehirnareale aktiv sind, die sowohl mit dem Gedächtnis als auch dem Belohnungssystem verknüpft sind. Das Psychologenteam rund um Wijnand van Tilburg vom King's College London konnte in seinen Studien 2019 den Grund dafür erklären: Nostalgie kann ein Gefühl der Selbstkontinuität erzeugen – das Gefühl, dass es also eine Art roten Faden in unserem Leben gibt und dass wichtige Persönlichkeitsmerkmale und Werte über die Zeit hinweg bestehen bleiben. Diese Empfindung ist, so die Forschenden, eng mit dem Sinnerleben verbunden – so können wir erkennen, was uns wirklich wichtig ist im Leben.[30] Und für dieses Gefühl der Selbstkontinuität scheinen bei uns, im Land der Maschinenbauer, besonders die alten Technologien zuständig zu sein, die es nun, verknüpft mit den Erfolgen der Vergangenheit, zu retten gilt, koste es, was es wolle, und egal, welche Auswirkungen das auf die künftige Wettbewerbsfähigkeit von Deutschland haben wird.

> *Deutsche Unternehmen haben das moderne Zeitalter, in dem wir leben, aufgebaut: im Maschinenbau, in der Automobilindustrie, in der Präzisionsfertigung, in der Pharmazie, in den Biowissenschaften.*
>
> *– Amy Webb, US-amerikanische Futuristin und Professorin für Strategische Zukunftsplanung, New York University*

Wenn wir uns nun fragen, warum Deutschland den großen Entwicklungen hinterherhinkt, so wie es Ökonomen beschreiben und in Rankings darstellen, warum uns der *Aufbruch im Umbruch*, wie es der Kulturwissenschaftler Matthias Schneider nennt, nicht so recht gelingen will, dann finden wir einen weiteren Erklärungsansatz darin, dass die Wissenschaft auch bislang beklagenswert wenig Gehör findet bei der Gestaltung von Organisationen, Management und Führung.

Und wie würden sich Top-down-Management und autoritäre Führung auf das Veränderungs- und Innovations-Klima in den Unternehmen auswirken?

Ganz offenbar können sich auch Führungskräfte der in Teilen unserer Gesellschaft verbreiteten Sehnsucht nach Autoritäten, die klar ansagen, wo's langgeht, nicht entziehen.

– Patricia Döhle, Wirtschaftsjournalistin brand eins

Im Folgenden stellen wir studienbasierte Produktivitätspotenziale den Folgen der Rückkehr der Strongmen gegenüber, um die wertschöpfungsmindernden Potenziale aufzuzeigen, wenn diese (wieder) das Ruder übernehmen.

Jetzt wird wieder in die *Hände gespuckt*, wir steigern das *Bruttosozialprodukt.*

– Geier Sturzflug (1983)

2. STRONGMEN VS. WISSENSCHAFT

Erinnern Sie sich noch an den Song „Jetzt wird wieder in die Hände gespuckt …“ von Geier Sturzflug, der trotz der Weigerung von Dieter Thomas Heck, das Lied in der ZDF-Hitparade anzusagen, auf Platz eins der Musiksendung sowie auf die Spitzenposition der deutschen Singlecharts landete? Die Plattenfirma Ariola hatte die Band wegen dieses Titels unter Vertrag genommen – er passte gut zur damaligen „Wende“, zur schwarz-gelben Bundesregierung, obwohl das Lied einen ironischen Blick auf die Arbeitsmoral der Deutschen warf. Was allerdings seitens der Medien falsch interpretiert wurde, und man bezeichnete den Titel sogar als Parteitags-Song der CDU. Auch damals gefiel sich so mancher Politiker in markigen Sprüchen, und die Radiosender nahmen *„Jetzt wird wieder …“* während des Wahlkampfes nur selten ins Programm, weil sie den Vorwurf der Stimmungsmache fürchteten. Einen Tag nach der Wahl Helmut Kohls zum Bundeskanzler traten Geier Sturzflug erstmals im Fernsehen auf.

Der Songtext scheint aktueller denn je, passt er doch zur Retro-Stimmung in der hiesigen Wirtschaft. Es soll in Deutschland wieder um Leistung gehen, um Lust auf (idealerweise unbezahlte?) Überstunden, darum eben, in die Hände zu spucken, anzupacken. Markige Sprüche damals wie heute, und die beinahe täglich zu hörenden Forderungen nach einer neuen Arbeitsmoral werden immer lauter. Bundesfinanzminister Lindner erwägt gar eine Mentalitätsreform.[31] Ausgesprochen werden diese Forderungen überwiegend von Männern in leitenden Funktionen, die im „Strongmen“-Modus alte Management-Weisheiten verbreiten, denn sie wittern Morgenluft in ihrem Kampf gegen den Abschied von der tayloristischen Arbeitsgestaltung.

Ulrich Bröckling, Professor für Kultursoziologie an der Albert-Ludwigs-Universität Freiburg, hat sich intensiv mit den sogenannten Strongmen des 21. Jahrhunderts beschäftigt, bei denen er vor allem eine Affektpolitik beobachtet. Starke Männer überzeugen nicht durch Argumente. Sie binden ihre Anhänger vielmehr auf einer emotionalen Ebene, indem sie Erregungsgemeinschaften stiften und den Wütenden Gelegenheiten bieten, sich abzureagieren.[32]

Ein sehr prägnantes Beispiel hierfür ist das emotional aufgeladene Bashing der sogenannten Generation Z. Die Strongmen überschlagen sich förmlich im Wettbewerb um die heftigste populistischste Abwertung junger Erwachsener. „Arbeit ist kein Ponyhof", so die Vorstandsvorsitzende der Bundesagentur für Arbeit, Andrea Nahles. „Wir brauchen mehr Lust auf Arbeit", fordert Steffen Kampeter, Hauptgeschäftsführer der Bundesvereinigung der Deutschen Arbeitgeberverbände. Und auch Thomas de Maizière, Ex-Bundesinnenminister, sagte zu Beginn des Evangelischen Kirchentages: „Mir geht die Anspruchshaltung vieler in dieser Generation Z gegen den Strich. Mich ärgert, dass sie zu viel an sich denken und zu wenig an die Gesellschaft. Am siebten Tag sollst du ruhen, heißt es in der Bibel. Das ist ein Verhältnis von sechs zu eins. Und nicht, dass die Freizeit überwiegt." Jüngst schloss sich Sigmar Gabriel mit dem Spruch „Wer wohlhabend ist, macht auf Kosten von Mama und Papa nach der Schule erst mal ein ‚Sabbatical' und danach eine Vier-Tage-Woche!" dem Generationen-Bashing an. Und das waren noch die höflicher formulierten Vorhaltungen.

Es sind Strukturen, die Menschen wie Sigmar Gabriel mitgeschaffen haben. Strukturen, in denen er selbst für die paar Sitzungen seines Aufsichtsratsmandats mehr Vergütung erhält als die Vollzeit arbeitende Pflegekraft auf der Neugeborenenstation. Unter jungen Menschen hat sich eine große Skepsis gegenüber diesem System breitgemacht.

– Teresa Stiens, Journalistin Handelsblatt

Mittlerweile ist es en vogue und gehört zum guten Ton, auf „die Jugend" zu schimpfen. Die heutige Jugend sei dermaßen verweichlicht, ätzte Moderator Markus Lanz während einer Live-Podcast-Aufzeichnung, „so eine Hafermilchgesellschaft, so eine Guavensaft-Truppe, die wirklich die ganze Zeit auf der Suche nach der idealen Work-Life-Balance ist".[33] Keine Ausdauer, keine Disziplin habe die junge Generation, meint auch die deutsche Beraterin Susanne Nickel.[34]

> *Ich habe das Gefühl, dass die Vorurteile gegen die Generation Z eine neue Form des (Sozial)Neides sind – nach dem Motto: Was wir nicht hatten, dürft ihr auch nicht haben. Aber was ist falsch daran, traditionelle Arbeitswelten neu zu denken – zum Beispiel mit einer Vier-Tage-Woche?*
>
> *– Lukas Meister, Journalist MDR*

Allein, schaut man sich die entsprechenden wissenschaftlichen Befunde an, gibt es – jenseits pauschal abwertender, oft inakzeptabler Aussagen – ein Problem mit der angeblichen Faulheit der Generation Z: Es gibt sie nämlich gar nicht, diese Generation, über die so eifrig geschimpft wird. Und ein Problem mit der Arbeitsmoral haben die jungen Erwachsenen auch nicht, wie der Soziologe Martin Schröder von der Universität des Saarlandes in einer Studie belegen konnte. Er untersuchte die gängigen Annahmen über die Millennials und stützte sich dabei auf Daten des Sozio-oekonomischen Panels (SOEP), der größten Langzeitstudie Deutschlands. Selbstverwirklichung, Bedeutung von Erfolg im Beruf, Zukunftsängste: Weder bei den Babyboomern noch bei der Generation Y oder den Millennials gibt es zu diesen Fragen nennenswerte Unterschiede. Martin Schröder spricht von einem Generationenmythos.[35] Er ist nicht der Einzige, der die Clusterung, die ursprünglich auf der Shell-Jugendstudie fußt, fachlich problematisch findet.

Die wissenschaftliche Evidenz, die methodische Qualität der Studien ist äußerst fragwürdig.

– Prof. Hannes Zacher, Universität Leipzig

Betrachtet man die Studien rund um die Kündigungswellen und die Arbeitseinstellung der Menschen, sieht man, dass die Unterschiede nicht am Alter festzumachen sind – was ja die Basis für die Generationen-Clusterung ist – sondern am Kündigungsgrund. Daher sollte sich kein Arbeitgeber der trügerischen Sicherheit hingeben, dass es „nur" die jungen Menschen sind, die andere Bedürfnisse rund um ihre Arbeit und in der Gestaltung ihres Lebens haben. Die Pandemie war ein Alltags- und Routine-Stopper, und viele Menschen haben – unabhängig von ihrem Alter – reflektiert, ob sie überhaupt in ihr altes (Arbeits-)Leben zurückkehren wollen. Knapp die Hälfte von ihnen (48 %) würde einer Umfrage von YouGov aus 2022 zufolge in Teilzeit wechseln, wenn ihr Arbeitgeber das erlauben würde. Und 56 % erklärten, dass sie schnellstmöglich die Arbeit an den Nagel hängen würden, wenn sie nicht finanziell darauf angewiesen wären.[36]

55,7 % der Deutschen fühlen sich einer aktuellen Umfrage zufolge erschöpft – fast 3 % mehr als im Vorjahr, 6 % mehr als vor zwei Jahren. Erwerbstätige nennen vor allem einen Grund dafür: sinnlose Arbeit. Darüber klagen 45,6 %, also 5 % mehr als 2023, wie das Beratungsunternehmen Auctority mit dem Meinungsforschungsinstitut Civey ermittelte.[37] Sind die deutschen Arbeitnehmenden vielleicht so erschöpft, weil sie allzu häufig Bullshit Jobs erledigen müssen und zu wenig Selbstwirksamkeit erfahren können? Wer geht denn schon nach zehn Online-Meetings und 180 abgearbeiteten E-Mails nach Hause und sagt: *Das war ein richtig guter Tag heute! Ich habe viel geschafft und bewirkt!*? Die eigene Kompetenz, Selbstwirksamkeit und Autonomie in der Arbeitsgestaltung zu erleben kostet hingegen keine

Energie, sondern gibt Energie und wäre somit der Ausweg aus der tiefen Erschöpfung. Das setzt allerdings ein anderes Arbeiten voraus.

> *Die sogenannte ‚Mastery', also das Meistern von Aufgaben, ist tatsächlich eine wertvolle Erholungserfahrung. Hierbei sind Autonomie darüber, wann und wie man Arbeitsaufgaben erledigen kann, sowie die Klarheit über Prozesse und Verantwortlichkeiten wesentliche Hebel.*
>
> – *Christina Guthier, Wirtschaftspsychologin*

Sie suchen Produktivität? Die oben beschriebene erschöpfende Arbeitsweise von 40 auf 42 Stunden auszudehnen wird jedenfalls in die falsche Richtung führen. Das, was die Befürworter von Überstunden als Möglichkeit anpreisen, mehr Leistung zu generieren, wird zu noch mehr Erschöpfung und noch höheren stressbedingten Ausfallkosten führen – aber keinesfalls zu mehr Produktivität.

Dass die Bindung der Beschäftigten an ihre Firma und das Vertrauen in die Perspektiven ihres Unternehmens laut der Gallup-Umfrage 2024 zuletzt weiter sanken, verwundert dementsprechend auch nicht. 19 % der Befragten gaben an, keine emotionale Bindung zu ihrem Arbeitgeber zu haben – der höchste Stand seit 2012. Hochgerechnet auf die deutschen Beschäftigten ab 18 Jahren sind das 7,3 Mio. Arbeitnehmende, die innerlich gekündigt haben, was die deutsche Wirtschaft zwischen 132,6 und 167,2 Mrd. Euro an Produktivitätsverlusten kostet.[38]

Das Problem ist also deutlich vielschichtiger, und die vielen Missstände allein auf die jungen Erwachsenen zu schieben ist als Haltung nicht nur unterkomplex, sondern wissenschaftlich schlicht nicht haltbar und … by the way: ein wirklich alter Hut.

Die Jugend von heute liebt den Luxus, hat schlechte Manieren und verachtet die Autorität. Sie widersprechen ihren Eltern, legen die Beine übereinander und tyrannisieren ihre Lehrer.

– Sokrates, 470–399 v. Chr.

Vielmehr prallen in einer sich – nicht zuletzt durch Polykrisen und Digitalisierung – stark wandelnden (Arbeits-)Welt Alterseffekte aufeinander, und die mediale Aufmerksamkeit für verbale Entgleisungen tut ihr Übriges. Unsere Arbeit, wie wir sie aktuell gestalten, ist immer noch von tayloristischen Prinzipien geprägt – und daran haben auch rote Sofas, Tischkicker und Workation nichts geändert. Die tiefgreifende *Future Transformation* hin zu dezentraler Verantwortung, Empowerment-orientierter Führung und einem fokussierten, selbstbestimmten Arbeitstag hat noch nicht stattgefunden. Daher die Erschöpfung, daher die mangelnde Arbeitslust. Wir reiben uns mit alten Arbeitsmethoden in einer Arbeitswelt auf, die bereits in einem völlig veränderten Umfeld existiert, aber eben nicht an dieses angepasst ist.

LEISTUNGSDRUCK VS. LEISTUNG

Und ausgerechnet in dieser Atmosphäre der inneren Kündigungen und der mangelnden Arbeitslust der deutschen Arbeitnehmenden aller Altersklassen werden nun diverse Leistungs- und Restrukturierungspläne entwickelt. Wohin führt das? Das Bedürfnis nach autoritärer Führung aufseiten der Führungskräfte, gepaart mit dem Top-down-Verständnis für Restrukturierungen, verkleinert den Einfluss-, Gestaltungs- und Entscheidungsbereich des mittleren Managements und der Mitarbeitenden noch einmal mehr. In der Folge sinkt die Selbstwirksamkeit, und es ergibt sich eine fatale Mischung aus Krisenerleben und dem wachsenden Empfinden, nichts dagegen tun können und noch weniger Einfluss auf die (Arbeits-)Strukturen zu haben. Das ist die Formel für Ohnmachtserleben – und eine ziemlich sichere Methode, das Problem zu verschärfen.

> *Jetzt sind wir wieder bei der alten dysfunktionalen Formel angekommen, dass Leistung durch Druck entsteht. Das ist das Gegenteil von dem, was eine erschöpfte Mannschaft braucht.*

Denn das Gefühl, etwas tun zu können, wirksam zu sein, ist Voraussetzung dafür, dass wir Krisen gut bewältigen und sie im Nachgang auch schneller und besser verarbeiten. Wenn wir aber nichts tun und kaum noch etwas mitgestalten dürfen, schwindet unsere Bindung als Mitarbeitende zunehmend, es droht (innere) Abkehr und weitere Erschöpfung. Diese Entwicklung lässt sich auch auf soziokultureller Ebene beobachten. Die Ergebnisse des Rheingold Instituts zeigen beispielsweise, dass momentan 68 % der befragten Menschen dazu tendieren, sich von der Politik abzuwenden. Lieber stecken sie ihre Energie und Arbeitskraft in Dinge, bei denen sie das Gefühl haben, etwas bewegen zu können.[39] Wir gehen davon aus, dass sich dieser Effekt auch auf Unternehmen übertragen lässt. Und das wäre eine sehr kritische Entwicklung für Unternehmen, die für eine erfolgreiche Transformation auf das Vertrauen und Engagement ihrer Mitarbeitenden angewiesen sind. Es ist evident, dass ein Rückfall in autoritäre Führungsstrukturen Engagement mindert.

Um die gewünschte Leistung zusätzlich durch den Druck zu erhöhen, der jeder Restrukturierung innewohnt, werden wieder zunehmend Leistungsbewertungssysteme eingesetzt (obwohl sie zuvor in vielen Unternehmen abgeschafft wurden, weil sie nicht so funktionierten, wie sie sollten). Das bereits erwähnte neue Leistungssystem der „Winning Culture“ führt bei SAP, ähnlich dem damals durch Jack Welch bei GE implementierten

System dazu, dass die schlechtesten 5 % der Führungskräfte als „ungenügend“ eingestuft werden, die verbleibenden sollen ihre Mitarbeiter künftig streng in Performance-Klassen einsortieren. Dieses Verfahren wird zunächst auf der Topmanagement-Ebene erprobt und ab 2025 ausgerollt.

> *Deloitte brachte für das jährliche Leistungsbeurteilungsgespräch allein für das Ausfüllen der Formulare, das Durchführen der Beurteilungsgespräche und das Erstellen der Ratings jedes Jahr fast zwei Millionen Arbeitsstunden auf.*[40]

Zwei Millionen Arbeitsstunden von Führungskräften mit entsprechenden Gehältern – das ist schon eine Ansage. Würden die Verrechnungssätze zugrunde gelegt, die diese hochbezahlten Menschen während dieser Zeit mit echter Arbeit am Kunden erwirtschaften könnten, käme genau das zustande, was durch Restrukturierung erzielt werden soll: Steigerung der Produktivität durch Bürokratieabbau, in diesem Fall durch die Eliminierung eines höchst bürokratischen und strategisch bedenklichen Systems, dessen ROI auf die Produktivität nicht nachgewiesen ist.

SOZIALISATION VS. WISSENSCHAFT

> *Bewusstsein ist nur eine PR-Aktion Ihres Gehirns, damit Sie denken, dass Sie auch noch etwas zu sagen haben.*
>
> – *Alan Snyder, US-amerikanischer Hirnforscher*

Die psychologische und arbeitswissenschaftliche Forschung spielt in vielen Unternehmen immer noch eine untergeordnete Rolle, solange sie vom Arbeits- und Sicherheitsschutz nicht gesetzlich vorgeschrieben ist. Aber selbst dann wird ihr meistens nur widerwillige Aufmerksamkeit geschenkt, wie z. B. der psychischen Gefährdungsbeurteilung. Sehr viele arbeitsbezogene Entscheidungen werden seitens der Unternehmensführung intuitiv getroffen. Ist das eine Frage der fehlenden (Er-)Kenntnis, des schlichten Desinteresses oder gar eine latente Aversion gegen wissenschaftliche Erkenntnisse? Letzteres ist möglich, wenn wissenschaftliche Informationen mit vorgefassten Meinungen und Denkstilen kollidieren, so eine Studie der kanadischen Simon Fraser University. „Menschen tun sich besonders schwer mit dieser Art von Kollision zwischen Weltbildern. Daher fällt es ihnen umso leichter, jene wissenschaftlichen Informationen abzulehnen, die nicht mit ihren Ansichten vereinbar sind", sagt Co-Autor Richard Petty von der Ohio State University.[41]

> *Es wäre mehr als sinnvoll, wenn arbeitsbezogene Entscheidungen in Unternehmen nicht intuitiv und lediglich der eigenen Sozialisierung folgend getroffen werden würden, sondern wissenschaftsbasiert.*
>
> *– Vera Starker, Wirtschaftspsychologin*

Illustrieren wir das zunächst am Beispiel der immer wieder diskutierten Vor- und Nachteile eines Großraumbüros. Eine Metaanalyse lässt keine Zweifel mehr offen: Das Großraumbüro ist die schlechteste aller möglichen Bürowelten.[42] Dass Einzel- oder Zweierbüros die beste Umgebung für produktives, konzentriertes Arbeiten sind, ist schon länger bekannt. Doch viele Unternehmen ignorieren die Erkenntnisse dieser Studien, weil sie hoffen, mit Großraumbüros besonders viele Kosten einsparen zu können. Die systematische Analyse von 429 englischsprachigen empirischen Untersuchungen aus den Jahren 2005 bis 2022 liefert ein klares Ergebnis: Weder das traditionelle Großraumkonzept, bei dem alle an festen Plätzen sitzen, noch das sogenannte Activity Based Working, bei dem die Angestellten außerdem noch – je nach Art ihrer Arbeit – immer wieder den Platz wechseln sollen, sind vorteilhaft für die Produktivität und Zufriedenheit der Mitarbeitenden.

> *Wenn ein Unternehmen als Beweggrund für das Großraumbüro ausschließlich Flächen- und Kosteneinsparung im Fokus hat, dann hat es eigentlich schon verloren.*
>
> *– Timo Brehme, Architekt*

Wie das Forschungsteam herausfand, schneidet – wenig überraschend – das Einzelbüro am besten ab, sowohl was Störungen angeht als auch Interaktion, Zufriedenheit, Gesundheit und Performance der Mitarbeitenden. Es folgt das Activity Based Working, bei dem sich die Beschäftigten schon stärker gestört fühlen. Die schlechtesten Werte verzeichnet das Großraumbüro. Die wahrgenommene Produktivität der Arbeit in Großraumbüros wurde in zehn Studien untersucht, und alle zeigen negative Ergebnisse für Großraumbüros im Vergleich zu Einzelbüros. Spezifische Faktoren wie die Bürogestaltung und Umgebungsgeräusche wurden als negativ für die Produktivität bewertet.

Bereits 2018 hatte das Forschungsteam rund um Ethan Bernstein von der Harvard Business School festgestellt, dass Mitarbeitende in Großraumbüros ihre Kontakte in Präsenz um 70 % reduzieren. Sie gehen offensichtlich in die innere Migration. Sie fühlen sich in einer Großraumumgebung oft kontrolliert und unter ständiger Beobachtung, und daher nutzen sie lieber elektronische Kommunikationswerkzeuge und isolieren sich, so gut sie können.[43] Neuartige Bürokonzepte würden oft mit viel Aufwand eingeführt, resümiert Marcel Hülsbeck von der Hochschule München, „in der Annahme, dass dies zu Produktivität oder Zufriedenheit der Mitarbeitenden beitragen würde“. Allerdings zeige die Metaanalyse, „dass das Gegenteil der Fall ist“.[44]

Fassen wir die Auswirkungen von Arbeiten im Großraumbüro inkl. entstehender Opportunitätskosten zusammen: Die Produktivität sinkt, die Kommunikation geht zurück, Stress und Erkrankungen nehmen zu, ebenso die Unzufriedenheit – aber das Großraumbüro gilt immer noch als kosteneffizienter, weil Büroflächen gespart werden.

Ein zweites Beispiel illustriert das wissenschaftsferne und sozialisationsbedingte Entscheiden im Arbeitskontext sehr gut: das Dauerstreit-Thema Homeoffice.

> *Im Kontext der neuen „Leistungskultur" werden nun viele Mitarbeitende wieder in die Unternehmen zurückbeordert.*

Der CEO der deutschen Bank, Christian Sewing, wies seine Führungskräfte an, an mindestens vier Tagen pro Woche wieder ins Büro zu kommen und die Mitarbeitenden, an mindestens drei Tagen anwesend zu sein, wobei montags und freitags nicht mehr zu Hause gearbeitet werden kann. Auf welcher Basis wurde diese Entscheidung getroffen? Bedenkt man, dass Montage und Freitage als Homeoffice-Tage künftig verboten sind, kommt einem schnell der Verdacht, dass hier nicht auf der Grundlage wissenschaftlicher Erkenntnisse entschieden wurde – es gibt aktuell keine Studie, die eine reduzierte Produktivität gemessen hätte, weil Angestellte montags und freitags im Homeoffice arbeiten –, sondern auf Basis des eigenen Menschenbildes und der persönlichen Sozialisation. Es entstand wohl die Befürchtung, dass die Mitarbeitenden sowieso nur unter Aufsicht wirklich arbeiten – und an Freitagen und Montagen zu Hause sofort Stift und Tastatur fallen lassen. Laut dem Microsoft Work Trend Index 2021 wäre der Vorstand der Deutschen Bank damit nicht allein. Die Ergebnisse zeigen eine deutliche Diskrepanz zwischen dem Anteil der Führungskräfte, die angeben, dass sie volles Vertrauen in die Produktivität ihres Teams haben (12 %), und dem Anteil der Mitarbeitenden, die angeben, dass sie bei der Arbeit produktiv sind (87 %). Die Studienautoren nennen das „die Produktivitätsparanoia der Führungskräfte".[45]

> *79 % der Führungskräfte geben an, dass es ihnen schwerfällt, in hybriden Arbeitsmodellen darauf zu vertrauen, dass ihre Mitarbeitenden produktiv sind.*
>
> – *Microsoft Work Trend Index 2021*

Der Psychologe Douglas McGregor hat in seinen Untersuchungen am Massachusetts Institute of Technology bereits 1960 den Zusammenhang zwischen dem eigenen verinnerlichten Menschenbild und der Qualität der Zusammenarbeit mit anderen Menschen formuliert. Er unterschied zwischen den Menschenbildern der Theorie X und der Theorie Y. Der Theorie X folgende Menschen gehen davon aus, dass man die Leute extrinsisch belohnen muss, weil sie ohne äußere Anreize keine eigene Motivation haben, Leistungen zu erbringen. Führung muss hier also als Inputgeberin und Kontrolleurin zugleich agieren. Nach der Theorie Y denkende Menschen gehen jedoch von einer intrinsischen Motivation aus. In diesem Fall wird der Mensch als an sich leistungswillig und -bereit betrachtet und Führung als etwas, das lediglich den optimalen Handlungsrahmen bietet. In hierarchischen Systemen trifft man auch nach Jahren der agilen Transformation und der Einführung von New Work immer noch auf Managerinnen und Manager mit einem Theorie-X-Menschenbild, das allzu gut zu den Kontrollambitionen hierarchischer Organisationen passt. Hier befinden wir uns nun an einem neuralgischen Punkt im Thema Arbeitsgestaltung. Extrinsische Motivation, das wissen wir aus der modernen Psychologie, gibt es nicht. Nur motivationsförderliche Bedingungen (und das Gegenteil davon). Sowohl die Führungsaufgabe, „Mitarbeitermotivation“ oder „Mitarbeiterzufriedenheit“ herzustellen, als auch die Durchführung von Zufriedenheitsbefragungen entbehren also jeder Grundlage. Und nun?

Wenden wir uns wieder dem Homeoffice zu: Die Frage, wieviel Homeoffice genau produktivitätsfördernd ist, kann nur beantwortet werden, wenn Produktivität messbar ist und die Ergebnisse in die Untersuchung einfließen. Im Bereich der Wissensarbeit kann man aber weitestgehend nicht mit der herkömmlichen Industriezeitalter-Formel „Stück pro Zeit“ messen. Daher basieren viele der diesbezüglich durchgeführten Umfragen eher auf subjektivem Empfinden, sodass wir hier nicht von messbaren Effekten ausgehen können. Insofern kann Produktivität nicht als Argument herangezogen werden – von keiner Seite.

Die totale Flexibilisierung (jeder/jede kann kommen und gehen, wann er/sie will) wiederum ignoriert die psychologischen Annahmen zu der Frage, wann in Teams Bindung entsteht. Diese Frage ist gerade im hybriden Arbeiten sehr wichtig, da sich eine hohe Teamidentifikation positiv auf Produktivität des Teams auswirkt. Darüber hinaus sollte bei der Entscheidung über die Frage nach dem Homeoffice auch berücksichtigt werden, um welche Art der Wertschöpfung es sich handelt. Die Kreativität zum Beispiel leidet, wenn sie vermehrt in Online-Meetings entwickelt werden soll. Aktuelle Studien zeigen, dass das Erregungsniveau in Online-Meetings niedriger ist, was sich negativ auf die kreative Leistung auswirkt. Daher kann es sinnvoll sein, Teams mit kreativer Wertschöpfung vor Ort (in geeigneten Räumen!) arbeiten zu lassen und die jeweils individuellen Arbeitsschritte ins Homeoffice zu verlagern.

Homeoffice-Regelungen, die die Art der Wertschöpfung nicht berücksichtigen, sind häufig produktivitätsmindernd.

Die aktuelle Studienlage dazu bleibt divers. Wo Mitarbeitende im Großraumbüro arbeiten, können sie im Homeoffice konzentrierter arbeiten, was zu Performance-Steigerungen führt. Die höhere Flexibilisierung steigert die Zufriedenheit und senkt den Stresslevel wegen Wegersparnis und weniger Termindruck. Allerdings zeigt sich auch, dass Mitarbeitende immer wieder befürchten, ihre Leistung könnte nicht mehr sichtbar sein und ihr Kontakt zum Team allzu sehr leiden. Die Mischung Drei-Tage-Firma/zwei-Tage-Homeoffice findet hier den meisten Zuspruch. Ungeachtet dessen verspricht sich der Chef der Deutschen Bank von den neuen Regeln vor allem eine bessere Flächennutzung. Die derzeitige Immobiliennutzung sei „ineffizient", weshalb der Vorstand versuche, „unsere Präsenz gleichmäßiger über die Woche zu verteilen", so Chief Executive Officer Christian Sewing und Chief Operating Officer Rebecca Short in einem ausgegebenen Memo.[46] Im Jahr zuvor sollten nämlich wegen der bestehenden Homeoffice-Regelung noch Flächen abgemietet werden. Eine Immobiliennutzungsfrage als Basis für arbeitsbezogene Entscheidungen zugrunde zu legen, blendet aber die entstehenden Opportunitätskosten aus. Da sich der Betriebsrat eingeschaltet hat, liegen die neuen Pläne zunächst auf Eis, bis die bisherige Regel formell aufgehoben wird.[47]

Versuchen wir uns an einem Fazit: Wir haben es im Ergebnis mit mindestens drei relevanten Fragestellungen zu tun, die als Basis für die Homeoffice-Entscheidung diskutiert und beantwortet werden sollten. Aber wer soll hier eigentlich diskutieren? Im klassischen Industriezeitalter-Verständnis natürlich die Führungskräfte. Nach dem Verständnis der Neuen Arbeit, das davon ausgeht, dass Erwachsene miteinander arbeiten, wird es im Team diskutiert, denn selbstverständlich sollen die Teammitglieder Verantwortung für die Produktivität übernehmen – aber eben nicht auf Basis sozialisationsbasierter Ansagen, sondern gestützt auf wissenschaftliche Grundlagen.

> *55 % der Führungskräfte geben an, dass ihr Unternehmen weder eine Vision noch einen Plan für den Einsatz von KI hat.*
>
> *– Microsoft Work Trend Index 2024*

Ein drittes Beispiel für die Dominanz der sozialisationsgetriebenen Entscheidungen ist das Thema generative KI. Die deutsche Effizienz-Sozialisierung führt zu einem von Zahlen getriebenen Blick auf KI. Deutsche Unternehmen sind überwiegend primär an der Frage interessiert, wie über den Einsatz von KI Kosten eingespart werden können, unter anderem über die Streichung dann überflüssiger Stellen. Laut der Futurologin Amy Webb ist dies zwar nicht nur in Deutschland der Fall, aber die Frage danach, wie man mit KI neue Werte schaffen, also das Geschäftsmodell erweitern kann, fehle aus ihrer Sicht in Deutschland. „Größere Effizienz und Geld sparen sind natürlich auch gute Sachen, aber das Geld wird dann nicht reinvestiert in Forschung und Entwicklung, sondern genutzt, noch mehr von dem Immergleichen zu machen."[48] Laut der Studie „Embracing the GenAI Opportunity" von Strategy& nimmt Deutschland im globalen Vergleich nur einen Platz im Mittelfeld ein und gehört zur Gruppe der „GenAI-Begünstigten", die nur dann von GenAI profitieren können, wenn sie Standortfaktoren wie die digitale Infrastruktur verbessern.[49] Um jährlich 0,4 bis 0,7 % könnte die deutsche Wirtschaft allein durch den Einsatz generativer KI in den kommenden Jahren wachsen, so die Studienaussage. In einem Best-Case-Szenario könnte die Technologie in Deutschland sogar einen BIP-Schub von insgesamt 220 Mrd. Euro bis 2030 auslösen. Doch während 77 % der Führungskräfte den Einsatz von KI für entscheidend halten, um wettbewerbsfähig zu bleiben, haben 59 % Bedenken, die Produktivitätsgewinne durch KI zu quantifizieren, und 55 % geben an, dass ihr Unternehmen weder eine Vision noch einen Plan für die Umsetzung habe, wie der Microsoft Work Trend Index 2024 ermittelte. Der Druck, einen sofortigen Return on Investment (ROI) vorweisen zu müssen, lässt die Führungsetagen zögern – selbst angesichts der Unvermeidbarkeit von KI. Also nehmen die Mitarbeitenden die Dinge selbst in die Hand. 71 % der KI-Nutzenden in Deutschland bringen ihre eigenen Tools mit zur Arbeit – der Trend nennt sich „Bring Your Own AI" (BYOAI) und ist nicht nur in Deutschland zu beobachten. So verpassen Unternehmen die Vorteile, die sich aus einem strategischen Einsatz von KI in großem Maßstab ergeben könnten, und setzen nicht zuletzt ihre Daten einem großen Sicherheitsrisiko aus.[50]

> *Es geht nur um den Status quo und darum, ihn so weit wie möglich zu erhalten.*
>
> *– Amy Webb, Futuristin und Professorin für Strategische Zukunftsplanung, New York University*

Die Führungskräfte kleiner und mittelständischer Unternehmen (KMU) in Deutschland blicken skeptisch in die Zukunft. Nur 42 % halten den Mittelstand für zukunftsfähig. Das ist das Ergebnis einer Umfrage unter 520 Führungskräften in KMU im Auftrag von metafinanz. Technologieskepsis (29 %) sowie fehlende Umsetzungskompetenz (23 %) werden als Schwächen benannt, und neben den Klassikern Bürokratie und Fachkräftemangel geht es um die Faktoren digitale Transformation (36 %), nachhaltige Transformation (28 %) und Cybersicherheit (28 %) als größte Herausforderungen.[51] Angesichts des Umstands, dass wir es hier mit dem Wirtschaftsmotor Deutschlands zu tun haben, muten die zuvor beschriebenen KI-Potenziale wie Science-Fiction an.

Der Mittelstand ist der Beschäftigungs- und Wirtschaftsmotor Deutschlands. Damit er das Land weiterhin am Laufen halten kann, müssen die Unternehmen jetzt die Weichen für die Zukunft stellen.

– Rainer Göttmann, Geschäftsführer metafinanz

„Wenn hiesige Firmen fokussiert in die Nutzung der Technologie investieren, kommt Deutschland wieder ins Handeln und könnte sowohl die Wirtschaft als auch die Innovationskraft mithilfe von GenAI ankurbeln", sagt Dr. Philipp Wackerbeck, Partner bei Strategy&. Die in der Studie genannten Voraussetzungen liegen sehr nah an den von uns als *Future Transformation* bezeichneten Transformationsdimensionen. Die generative KI, so die Studie, muss so tiefgreifend wie möglich in die Wertschöpfungsketten der Unternehmen integriert werden, die bisherigen Nachzügler, die aktuell einen Löwenanteil des deutschen BIP erwirtschaften, müssen schnell den Einfluss von GenAI auf ihre Branche verstehen und ihre Organisation und ihre Mitarbeitenden darauf vorbereiten, sodass sie ebenfalls von der neuen Technologie profitieren können, und schließlich müssen der Standort Deutschland und die Unternehmen für Talente attraktiv sein.[52] Insbesondere für den letztgenannten Faktor ist der derzeit grassierende Restrukturierungswahn natürlich Gift. Eine neue Studie, die in Zusammenarbeit von Restart Career und Kununu durchgeführt wurde, beleuchtet die tiefgreifenden Folgen schlecht gemanagter Restrukturierungen und ermittelt einen drastischen Verlust des Mitarbeitervertrauens. Die Analyse von fast 14.000 Bewertungen über drei Jahre hinweg zeigt, dass Unternehmen während Restrukturierungsphasen durchschnittlich 11 % ihrer positiven Arbeitgeberbewertungen verlieren. In Extremfällen sank die Beliebtheit von Firmen als Arbeitgeber sogar um mehr als 25 %, und die betroffenen Unternehmen erholten sich nur langsam von diesem Imageverlust. Selbst nach Abschluss der Maßnahmen blieb das Arbeitgeber-Image im Durchschnitt 6 % unter dem vorherigen Level.[53]

Ziehen wir nochmals ein Fazit: Entscheidungen, die auf der Grundlage von nur auf Effizienz zielenden Sozialisierungen getroffen werden, führen dazu, dass auch bei den wichtigen Zukunftsthemen große Chancen verpasst werden. Die Potenziale sind immens und sie treffen – theoretisch – auf ein Land, das einst, wie Amy Webb es beschreibt, mit seinem Erfindergeist das moderne Zeitalter mitgestaltet hat. Restrukturierungen allerdings werden diesen Erfindergeist nicht wiedererwecken. Die Potenziale müssen über eine konsequente *Future Transformation* gehoben werden.

ORGANISATIONSDESIGN: TOP-DOWN VS. DEZENTRALISIERUNG

> *Die Hierarchie ist die heilige Ordnung.*
>
> *– Reinhard Sprenger, Managementberater und Autor*

Die Hierarchie als heilige Ordnung, wie Reinhard Sprenger es ausdrückt, trifft ganz gut den Kern: Es geht hier nämlich auch sehr viel um Glauben und Gefühle. Zwar ist die Hierarchie zunächst einmal – neutral betrachtet – ein Ordnungssystem, wie es auch agile Ordnungssysteme sind (Holokratie oder BetaCodex beispielsweise). Allerdings ist sie auch der deutschen Wirtschaft allerliebstes Kind. Nur so lässt sich erklären, dass wir allen Ernstes immer noch davon ausgehen, Unternehmen würden heute noch genauso funktionieren und zu steuern sein wie vor 120 Jahren, als Frederick Taylor die tayloristische Arbeitsgestaltung aus der Taufe hob.

Wenn wir uns aber – diesmal frei von Emotionen – die Frage stellten, welche Form der Organisation sich in einer sich immer schneller verändernden und ungewissen Welt am besten behaupten könnte, dann kämen wir doch wahrscheinlich – wieder ganz nüchtern – auf die Idee einer flexibel funktionierenden, schnell agierenden, adaptiv lernenden Organisation, die sich den Gegebenheiten anpassen könnte. Richtig?

Und genau da liegen nun mal nicht die Stärken einer Hierarchie. Märkte und Marktbedingungen verändern sich, wie beschrieben, derart schnell, dass es – kaum in der Hierarchie unten angekommen – oben schon wieder zu Veränderungen kommt, mit denen die Mitarbeitenden aufgrund ihrer Marktferne gar nicht rechnen konnten. Die Marktferne des Großteils der Organisationen, die mit kundenfremden Inhalten beschäftigt sind, führt zu einer Blindheit, an der auch Jahrzehnte teurer Kundenorientierungs-Workshops nichts haben ändern können.

Permanenten Wandel braucht es nur, weil sich die starre Organisation der Hierarchie nicht flexibel an komplexe und volatile Bedingungen anpassen kann.

Der vermeintlich notwendige permanente Wandel, der auch aufgrund seines häufigen Scheiterns zu einer tiefen Erschöpfung aller Beteiligten geführt hat, wird ja vor allem deshalb immer wieder ausgerufen, weil es keine grundlegende *Future Transformation* gibt, die auch strukturell für eine sinnvolle Dezentralisierung sorgt. Deswegen müssen Unternehmen zyklisch zu harten Restrukturierungen greifen. Aber nur weil wir uns daran gewöhnt haben, bedeutet das ja nicht, dass es keine Alternativen gäbe, durch deren Einsatz man die Unternehmen vor allem zukunftsfähiger aufstellen könnte.

Es wurden sehr viele agile Prozesse implementiert, aber es sind kaum agile Organisationen entstanden.

Der Versuch der Agilisierung in hierarchischen Strukturen muss als gescheitert betrachtet werden. Da hilft auch keine Mindset-Arbeit. Ein großer Teil des dauerhaften Wandels in den Unternehmen ist daher überflüssige Symptomarbeit. Das ist unbefriedigend und erzeugt materiell hohe Kosten, u. a. für externe Beratung, Arbeitszeitaufwand etc. Auf der immateriellen Seite ist der Schaden mindestens ebenso groß, denn diese Symptomarbeit kostet uns auf die Dauer das Engagement der vom wirkungslosen Change erschöpften und zu Recht verärgerten engagierten Menschen.

> *Jede angestrebte Kulturveränderung erfordert eben auch immer und grundsätzlich eine strukturelle Veränderung.*
>
> *– Vera Starker, Wirtschaftspsychologin*

Wer eine agile Organisation aufbauen möchte, muss strukturell Entscheidungs- und Handlungsverantwortung dezentralisieren. Ohne das bleibt das Ganze ein hohles Konstrukt und ein frommer Wunsch. Unternehmen wie Haier, Nucor, Roche oder einige Handelsbanken sind schon vergleichsweise dezentral aufgestellt. Dort gibt es weniger als halb so viele Managementebenen, die in den meisten großen Unternehmen üblich sind – zwei oder drei Ebenen statt sieben oder acht. Aber dazu später mehr.

> *Immer weniger Menschen arbeiten wertschöpfend, aber immer mehr Menschen erklären anderen, wie sie zu arbeiten haben. Auditieren, zertifizieren, koordinieren, evaluieren sind die neuen Traumjobs, die keinerlei Mehrwert schaffen, deren Einrichtung Manager für Management halten, deren Zweck aber nur darin besteht, die Verantwortung ebendieser Manager vorbeugend auf Externe abzuwälzen und deren Inhaber sich so wahnsinnig wichtig fühlen dürfen.*
>
> *– Dr. Andreas Syska, Professor für Produktionsmanagement*

Sie wollen Produktivität und Effizienz?

Gary Hamel rechnet für die USA vor, dass es schätzungsweise 13,45 Mio. Manager und das Äquivalent von 9,5 Mio. Angestellten gibt, die keine oder nur geringe wirtschaftliche Werte schaffen und die in bürokratischen Aufgaben aufgehen, die unnötig sind.[54] Die Entbürokratisierung innerhalb der Unternehmen, kombiniert mit der Dezentralisierung der Entscheidungsbefugnisse, die konsequent an die wertschöpfenden Teams weitergereicht werden, könnte ein sehr hohes Maß an Gewinnsteigerung zur Folge haben.

Also, *wofür* lohnt es sich eigentlich, am Alten festzuhalten, wenn es funktional gar nicht das Beste für Ihr Unternehmen, für Ihr Team ist – und gewinnmindernd obendrein? Diese Frage möchten wir Ihnen ernsthaft ans Herz legen, denn sie ist nicht trivial, sondern der Schlüssel dazu, sich von alten Denk- und Handlungsmustern zu befreien.

> *Mein Traum war es, ein Unternehmen mit großem Potenzial für alle zu schaffen, die dafür arbeiten. Eine starke Organisation, die persönliche Entfaltung fördert und die Fähigkeiten jedes Einzelnen zu einem Ganzen vervielfacht, das mehr ist als die Summe der einzelnen Teile.*
>
> *– Bill Gore, Gründer von W. L. Gore & Associates*

Organisationsmodelle wie der BetaCodex ermöglichen es in großen wie in kleinen Organisationen, *die Fähigkeiten, das Wissen* und *die Tatkraft* der Mitarbeitenden zu gewinnen, und zwar über konsequente Dezentralisierung von Verantwortung. Die zwölf Prinzipien des Modells führen zu einer Wertschöpfungszentrierung durch gleichzeitige Aktivierung der Menschen in der Organisation. Wer nichts Wertschöpfendes leistet, den braucht es nicht. Der Pionier zeitgemäßer Organisationsansätze, Ernst Weichselbaum, ersetzt den Begriff Führungskraft durch Führungsleistung und formuliert die Daseinsberechtigung von Führung folgerichtig als Leistungserbringung, die sich zumindest indirekt positiv auf den Kunden auswirken muss. Aus dieser Perspektive ist ein Unternehmen die Summe interagierender Leistungseinheiten, von denen die (Unternehmens-)Führung ebenfalls eine ist.[55]

> *Unterscheiden Sie zwischen Systemoptimierung und Systemüberwindung.*
>
> *– Ernst Weichselbaum, Pionier zeitgemäßer Organisationsansätze*

Lassen Sie uns kurz auf die wichtigsten Unterschiede schauen. In hierarchischen Unternehmen wird die komplette Wertschöpfung über die Hierarchie gesteuert. Das führt auch dazu, dass Personen, die in Zentralfunktionen arbeiten, häufig mehr Entscheidungskompetenzen haben als diejenigen, die den operativen Wert erbringen. Das verlangsamt die Wertschöpfung, führt zu Silostrukturen, die entgegen der Wertschöpfungskette verlaufen, und zu Zentralbereichen, von denen nicht wenige völlig abgekoppelt von der eigentlichen Wertschöpfung agieren. Der Management-Vordenker Roger Martin spricht von „sich unterwerfenden" Zentralbereichen, die einfach alle Aufträge annehmen und sich verzetteln – und von „imperialen" Zentralbereichen, denen es um Augenhöhe mit der Operativen geht und die komplett ihre eigene Strategie fahren.[56] Das alles schwächt Organisationen und minimiert damit den Unternehmenserfolg, weil es jegliche wertschöpfungsorientierte Zusammenarbeit erschwert. In dezentral organisierten Unternehmen hingegen fokussiert sich die Hierarchie auf die Compliance-Steuerung und bildet damit eine wesentliche Grundlage dafür, dass sich die Wertschöpfung dezentral gesteuert mit hoher Geschwindigkeit voll entfalten kann. Durch diesen Fokus fördert die formale Hierarchie indirekt die Selbstorganisation. Schwer vorstellbar?

Dann denken Sie an Curling. Kennen Sie Curling? Das ist eine Wintersportart auf dem Eis, bei der zwei Mannschaften mit je vier Spielern versuchen, ihre Curlingsteine näher an den Mittelpunkt eines Zielkreises auf einer Eisbahn zu spielen als die gegnerische Mannschaft. Curling wird wegen seiner komplexen taktischen Möglichkeiten auch als Schach auf dem Eis bezeichnet. Es gehört zu den Präzisions- und Mannschaftssportarten. Beim Curling gibt es nun Menschen, die den Curlingstein bewegen, und Leute mit Besen, die das Eis freiwischen, damit sich die Curlingsteine optimal in ihrer Dynamik bewegen können.

Führungskräfte sind die mit dem Schrubber.

Management und Führungskräfte sind künftig die Enabler der operativen Wertschöpfung. Sie machen den Weg frei für eine optimale *dezentrale* Dynamik. Die Verantwortung für den Curlingstein – wie er bewegt wird, welche Richtung angepeilt wird etc. – liegt bei den Spielern, also den Expertinnen und Experten selbst. Wenn wir das Beispiel auf eine klassische Hierarchie übertragen, wo die Wertschöpfung selbst hierarchisch gesteuert wird, wären die Menschen mit den Besen die ganze Zeit damit beschäftigt, den Spielenden sehr viele Vorschriften zu machen – wie genau sie ihren Stein anfassen müssen, welchen Stein sie überhaupt benutzen dürfen, wie genau sie stehen oder laufen und wann sie darüber berichten müssen, was genau sie getan haben. Und am Jahresende gäbe es eine bürokratische Performance-Bewertung durch die nicht wertschöpfenden Manager, die die Haltungsnoten vergeben, obwohl sie ja gar nicht die Expertin oder der Experte sind. Übertrieben? Vielleicht. Aber nur ein bisschen.

Das US-amerikanische Industrieunternehmen W. L. Gore & Associates, das als innovationsstärkstes Unternehmen weltweit gilt, handelt nach dezentralen Prinzipien und ist damit höchst erfolgreich. Kleine empowerte Teams entwickeln herausragende Produkte und erwirtschaften dabei hohe Erträge. Anstelle traditioneller Chefs und Mitarbeitender gibt es bei GORE Leader, vielfältige Teams, die zusammenarbeiten, und Associates, die persönlich eine Verpflichtung eingehen, zum Wachstum des Unternehmens beizutragen.

> *Man muss es wirklich, wirklich wollen und dann auch bereit zum Handeln sein.*
>
> *– Andreas Schlegel, ehemals Vorstand FSM AG*

Die FSM AG produziert seit 1989 intelligente Elektronik und hat sich 2019 innerhalb von 90 Tagen (!) in eine dezentralisierte, selbstorganisierte Beta-Organisation transformiert. Bei FSM gibt es keine Abteilungen und keine Chefvorgaben mehr, dafür crossfunktionale Teams, die miteinander und füreinander Leistung erbringen. Die Innovationskraft und Leistungsfähigkeit ist gestiegen, Wertschöpfungshindernisse wurden beseitigt, und gemeinsam wird marktorientiert, gut und ernsthaft gearbeitet und gelernt. Auch die erfolgreiche Drogeriemarktkette dm ist nach ähnlichen Prinzipien dezentral organisiert, wie auch andere erfolgreiche Unternehmen aus anderen Branchen. Allerdings sind Firmen dieser Organisationsform in der Industrie noch deutlich in der Unterzahl.

Im Vergleich zu vielen anderen Organisationsmodellen steht im BetaCodex die Wertschöpfung an sich im Vordergrund und nicht die administrative Steuerung von Arbeit, wie es in der Hierarchie der Fall ist. Daher braucht es in dezentral organisierten Unternehmen auch kein behäbiges Change-Management mehr!

Die Reaktionsgeschwindigkeit kommt über die Marktnähe zustande.

Noch einmal zu dm: Im Gegensatz zu vielen großen Einzelhändlern, die auf der Grundlage zentralisierter Entscheidungsfindung arbeiten, funktioniert die Drogeriemarktkette als dezentrale Struktur. Viele Entscheidungen werden auf regionaler oder lokaler Ebene getroffen. Alle sind eingeladen, Verbesserungen voranzutreiben und Ideen einzubringen. Das, was andernorts als Zentrale bezeichnet wird, heißt hier „Filialunterstützende Dienste" und versteht sich als operativ unterstützende Einheit.

Bei dm wird großer Wert auf Eigenverantwortung und Initiative der Mitarbeitenden gelegt. Jeder soll sich „einbringen und eigenverantwortlich handeln können" und einen Unterschied für die Kunden machen, die in die Märkte kommen und diese als „Begegnungsstätten" empfinden können. Die Mitarbeiter in den Filialen haben deutlich mehr Entscheidungsspielraum als sonst üblich und werden dazu ermutigt, kreativ und eigenständig zu arbeiten. In den Teams wird zudem Wert auf eine frühzeitige und verlässliche Einsatzplanung im Schichtbetrieb mit bestmöglichen Freiräumen für jeden Einzelnen gelegt. Und diese Verbindung von Freiraum und Eigenverantwortung nennt dm „Arbeit anders leben", was nichts weniger bedeutet, als die Organisation von Arbeit, Familie, Lernen und Freizeit für alle Mitarbeitenden so wichtig zu nehmen, wie sie tatsächlich auch ist.

Selbstwirksamkeit und Kundennähe sind der Schlüssel.

Die Hierarchien bei dm sind relativ flach, was schnelle Entscheidungen ermöglicht. Die Führungskräfte heißen z. B. „Teamverantwortliche", die Lehrlinge „Lernlinge". Das Gehalt wird weitgehend von den Teams selbst bestimmt auf der Grundlage eines mehrstufigen Prozesses (der auch sehr anspruchsvoll ist und den Mitarbeitenden eine Menge abverlangt). Auf die Vielfalt der Mitarbeitenden wird großer Wert gelegt, denn unterschiedliche Persönlichkeiten, Interessen, Fähigkeiten und Erfahrungen sind aus Sicht von dm sehr wertvoll für das Unternehmen. Alle sollen die Möglichkeit haben, sich einzubringen, Dinge zu verbessern oder Neues zu entwickeln.

Viele Mitarbeitende engagieren sich in Arbeitskreisen oder Projekten (z. B. bei einer Mitarbeitendenbefragung). Alle unterstützen mit ihrem Wissensschatz die Kolleginnen und Kollegen in der Zentrale oder den Verteilzentren. Und so funktioniert es: Wer eine Idee für eine Verbesserung im dm-Markt hat, teilt sie z. B. mit anderen über einen Post in den internen Kommunikationsmedien. Und was macht die Geschäftsführung? Sie entscheidet über strategische Inhalte und fokussiert auf die Frage, wie sie die operativ wertschöpfenden Bereiche bestmöglich unterstützen kann.

> *Die Zukunft der Wertschöpfung ist dezentral, vernetzt und kollaborativ.*
>
> *– Tobias Redlich, Laboratorium Fertigungstechnik*

Jetzt werden Sie vielleicht denken, dass es sich hier „nur" um einen Mittelständler handelt. In diesem Fall können wir mit Toyota aufwarten, einem Konzern, der bekanntermaßen die industrielle Fertigung weltweit geprägt hat. Und dieses Unternehmen handelt ebenfalls nach diesen Prinzipien – die Größe einer Organisation ist also kein entscheidendes Argument für hierarchische Steuerung. Ganz im Gegenteil.

Aber ginge das wirklich auch in Deutschland? Nun, die womöglich größte Dezentralisierung in der deutschen Wirtschaftsgeschichte läuft derzeit bei Bayer.

Als Bill Anderson Anfang April vergangenen Jahres bei Bayer anfing, hätten die gut 100.000 Mitarbeitenden des Leverkusener Pharma- und Agrargiganten ahnen können, was nun kommen würde: der wohl radikalste Umbau in der 160-jährigen Konzerngeschichte. Elf Ebenen lagen bis zu Andersons Amtsantritt zwischen CEO und unterster Hierarchiestufe. Gut 17.000 Bayer-Leute und damit jedes sechste Belegschaftsmitglied war bis vor Kurzem in irgendeiner Form mit administrativen Führungsaufgaben betraut – beispielsweise für die Um- und Durchsetzung des 84 Grundregeln und 1.362 Seiten umfassenden Organisationshandbuchs. Nun schleift Anderson die Strukturen, streicht Funktionen zusammen, verlagert Entscheidungen und Kompetenzen nach unten. Kondensiert Planungs- und Kontrollprozesse auf das unbedingt Notwendige, gibt etwa nur noch einen Gesamtetat vor und lässt die operativen Teams ihre Budgets untereinander aushandeln. Selbst die jährliche Beurteilung seiner Leute durch die nächsthöhere Managementebene lässt er abschaffen und setzt darauf, dass sich die Kollegen auf denselben Ebenen gegenseitig benoten.

> *Wir müssen uns um die Dinge kümmern, die wirklich wichtig sind, und uns von allem trennen, was uns von den wirklich wichtigen Dingen abhält.*
>
> *– Bill Anderson, CEO Bayer AG*

Direkte Entscheidungen auf der operativen Ebene führen zu weniger Abstimmungsbedarf und weniger Meetings, und es bleibt mehr Zeit für die eigentliche Arbeit. In der Folge sinken die Kosten, die Produktivität steigt – so der Ansatz.

Gary Hamel entwickelte den Bureaucratic Mass Index, mit dem jedes Unternehmen den durch Bürokratie verursachten Schaden einschätzen kann.[57] Vielleicht probieren Sie es einfach mal aus und wenden den Index auf Ihr eigenes Unternehmen an. Das aufgezeigte Ergebnis wird bei der Entbürokratisierung mit Sicherheit hilfreich sein!

FÜHRUNG: ANSAGE VS. EMPOWERMENT

> *Mehr Freiraum für das Individuum, agiler sein, das ist ja alles nicht falsch. Aber das funktioniert vor allem bei Sonnenschein. Sobald es regnet, kommen doch wieder die nützlichen Seiten der Hierarchien zum Tragen.*
>
> *– Reinhard Sprenger, Managementberater und Autor*

Die nützliche Seite der Hierarchie, wie sie Herr Sprenger hier wahrscheinlich meint, ist die der klaren Ansage in der Krise. Diese Aussage konnte in der Studie über die Auswirkungen der Krisenstimmung auf Unternehmen ja auch bestätigt werden – allerdings nur für die Führungsebene selbst. Die Mitarbeitenden wünschen sich, man könnte fast sagen, das Gegenteil. Sie suchen in erhöhter Klarheit, sozialen Regeln und deren Einhaltung sowie klaren Strukturen ihren Halt, aber eben nicht bei der „durchgreifenden" Führungskraft.[58]

Die Studie „Wie geht Führung in der Krise?" aus 2022 bestätigt diese Ergebnisse. Es wurden Fremd- und Eigenwahrnehmung anhand der Führungsstile nach der Systematik von Armin Trost abgefragt, nämlich „Boss", „Coach", „Befähiger", „Partner".

Während 2022 der Ruf nach kooperativen und coachenden Führungsstilen besonders laut zu hören war, geben nun vier von fünf Befragten an, dass sich Führung in der Krise von der in normalen Zeiten unterscheiden sollte und es auch tut: Die Befragten schätzen die vier Führungsstile in ihrer Eignung ähnlicher ein als vorher, und vor der Krise schätzten sich 59 % klar selbst als Coach ein.

„Aus unserer Sicht und Erfahrung ist dies nicht überraschend, sondern spiegelt die Erfahrungen aus Krisen und wirtschaftlich schwierigen Zeiten wider“, sagt Ralf Strehlau, Geschäftsführer von ANXO Management Consulting. „Viele Menschen suchen in Krisenzeiten Orientierung. Dabei helfen klare und eindeutige Antworten, Lösungen und klares Führungsverhalten.“ Den Boss-Führungsstil sieht besonders die Geschäftsführungsebene als geeignet an. Fast 40 % aller Befragten halten diesen dominanten Führungsstil jedoch für nicht effizient und nicht effektiv. Nur die Geschäftsführungsebene selbst ist von ihm überzeugt (48 %). Also bestätigt sich auch hier das Auseinanderfallen der Bedürfnisse des Managements nach autoritärer Führung (Boss-Stil) und der sonstigen Befragten nach Klarheit, Antworten und Lösungen und einem klaren Führungsverhalten.

Führungskräfte besitzen in der Regel einen präferierten Führungsstil, allerdings wollen sie sich das häufig nicht eingestehen. Das erkennt man daran, dass Eigen- und Fremdbild oft nicht miteinander übereinstimmen, was besonders deutlich wird bei den Führungstypen „Boss“ und „Coach“. Als „Boss“ sehen sich selbst nur 5 % der Befragten, umgekehrt stufen sie ihre Vorgesetzten mit 37 % als solchen ein. Auch beim „Coach“ klaffen Selbst- und Fremdbild weit auseinander: Mitarbeitende nehmen diesen Führungsstil bei ihren Vorgesetzten weniger als halb so oft wahr (22 %) wie diese bei sich selbst (59 %).[59]

Wen interessiert eigentlich das Organigramm?

In der Hierarchie ist gemäß formellem Organigramm immer klar, wer welche Verantwortung trägt und wer durchentscheiden kann. Theoretisch. In jeder hierarchischen Organisation gibt es neben der formellen aber auch eine *informelle* Hierarchie, sodass es mit der Klarheit nicht ganz so weit her ist, was sich vor allem bei Veränderungsprozessen beobachten lässt. Sogar krisenbedingte Restrukturierungen haben nur mäßige Erfolgsquoten, obwohl mit „harten Ansagen", wie es häufig heißt, gesteuert werde. Organisationen haben als soziale Systeme eigene Dynamiken und sind – da sie auf Selbsterhalt ausgerichtet sind – immer träger als ihre Umwelt.

Wie im vorherigen Abschnitt beschrieben, gibt es in Modellen wie dem BetaCodex, aber auch in der Holokratie sehr klar zugeordnete Entscheidungskompetenzen, aber eben nicht positionell hierarchisch geordnet, sondern als Rollenverantwortung, die auf Expertise gründet. Die in diesen Modellen erzielte Entscheidungsklarheit steht der einer Hierarchie in keiner Weise nach, sodass es auch in unruhigen Zeiten belastbare Entscheidungshierarchien gibt. Diese Modelle trennen die Formalhierarchie, die durch Geschäftsführungen und Vorstände etc. vertreten wird, von der operativen Wertschöpfungssteuerung. Das ist der große Unterschied, der die höhere Dynamik und Adaptivität ermöglicht.

Aber kommen wir zur Führung, denn hierarchische Führung kann auch unabhängig vom Organisationsdesign funktionieren, ebenso wie kooperative Führung in einer Hierarchie gelebt werden kann.

Es steht nicht so gut um Deutschlands Führungskräfte. Nahezu zwei von drei Führungskräften fühlen sich erschöpft. Das zeigt eine Umfrage der Beratungsagentur Auctority mit dem Meinungsforschungsunternehmen Civey.[60] Von den befragten 1.000 Führungskräften gaben 61,6 % an, erschöpft zu sein.

Frauen in Führungspositionen sind dabei mit rund 65 % etwas stärker betroffen als Männer (60 %). Und die jungen Chefs sind besonders belastet: In der Altersgruppe der 30- bis 39-Jährigen gaben sogar 72 % an, erschöpft zu sein. Eine vorhergehende Studie hatte gezeigt, dass Führungskräfte sich stärker erschöpft fühlen als der Durchschnitt aller Beschäftigten.

> *Führungskräfte haben denselben Stress wie alle anderen auch, dazu kommt aber eine Zusatzbelastung durch ständig zunehmende Aufgaben, Erwartungen und Verantwortung.*
>
> *– Randolf Jessl, Geschäftsführer von Auctority*

Mit anderen Worten: Es geht den Führungskräften nicht besser als den Mitarbeitenden und anscheinend auch dem Rest der Gesellschaft.

„Die Erschöpfung von Führungskräften ist auch das Resultat veralteter Vorstellungen von Führung und Organisation“, so Jessl in einem Interview mit dem SPIEGEL. Und der Co-Autor der Studie geht davon aus, dass Führung in Zukunft nicht mehr so stark als One-Man-Show verstanden werden wird, sondern als Gemeinschaftsleistung, bei der jeder gefordert ist und zu der jeder bzw. jede beiträgt.[61]

Nun – wie passen diese Aussagen mit dem Bedürfnis nach autoritärer Führung und den Restrukturierungsplänen diverser CEOs zusammen? Vor allem da eine erschöpfte Belegschaft mit der ständigen Angst vor dem Burnout zu kämpfen hat, wie die repräsentative Studie „Arbeiten 2023“ der Betriebskrankenkasse Pronova zeigt. Mittlerweile fürchten 61 %, dass sie wegen Überlastung einen Burnout erleiden könnten; jeder Fünfte stuft die Gefahr als hoch ein. Vor der Pandemie waren es mit 14 % deutlich weniger.[62] Im Schnitt fehlen die Betroffenen deshalb rund 30 Tage pro Jahr am Arbeitsplatz. Als Hauptgründe nennt jeder Dritte Überstunden (34 %) und ständigen Termindruck (32 %). Weitere Gründe sind körperliche Belastung, ständige Erreichbarkeit und schlechte Möglichkeiten, Beruf und Familie zu vereinbaren.[63]

Jetzt könnte so mancher ketzerisch fragen, ob dies der Dank ist für das „Wellness-Management" der vergangenen Jahre. Für die Zufriedenheitsorientierung, den Versuch, es allen recht zu machen und die Nachgiebigkeit gegenüber der Generation Z, wie es die Beraterin Susanne Nickel ausdrückt? Ein bisschen komplexer ist es schon, denn hier prallen mehrere Entwicklungen aufeinander: eine gewisse Post-Corona-Erschöpfung der ganzen Gesellschaft, die sich weiter verdichtende allgemeine Krisenstimmung, stressauslösende Arbeitsbedingungen – wie wir sie im nächsten Kapitel thematisieren werden –, ständiger Wandel (der allzu häufig nicht so gelingt wie er soll) und, wie wir bereits anhand einer Studie aufzeigen konnten: schlicht zu viel Bullshit Work – und das alles betrifft nicht nur die jüngeren Erwerbstätigen. Eine Studie von Link und ZEAM ermittelte zudem, dass die Heranwachsenden neben dem Arbeitsklima, inhaltlich interessanten Aufgaben und Jobsicherheit vor allem auf die Sinnhaftigkeit ihrer Arbeit achten.[64] Und weil es diese Generation gewohnt ist, über digitale Technologien Arbeits- und Kommunikationserleichterungen zu erfahren, kann man ihr nur sehr schwer vermitteln, warum repetitive Tätigkeiten, die weder auf den ersten noch auf den zweiten Blick sinnvoll erscheinen und automatisiert werden könnten, von ihnen ausgeführt werden sollten.

> *Meine Generation fürchtet das Immergleiche und Repetitive im Alltag. Wenn es an Sinnhaftigkeit fehlt, nehmen die Produktivität und die Begeisterung für die Arbeit stark ab.*
>
> – *Richard Schäli*

Also halten wir fest, dass sinnlose Arbeit erschöpft – und zwar alle Altersklassen – und die Produktivität senkt. Eine willkommene Chance also, auszusortieren, alles, was nicht mehr gebraucht wird, abzuschaffen, rauszuwerfen – und die Arbeit aller auf die eigentliche Wertschöpfung auszurichten, Mitarbeitende und Führungskräfte wieder Kompetenz und Wirksamkeit erleben zu lassen. Und davon profitieren alle: Die Produktivität steigt – und zugleich auch das Selbstwirksamkeitserleben. Dazu mehr im folgenden Kapitel.

Die Zufriedenheitsorientierung war der Overkill für New Work

Während der vergangenen Jahre wurde Führungskräften ins eigentlich schon volle Hausaufgabenheft geschrieben, dass sie ihre Mitarbeitenden „zufrieden“ machen sollen. Es wurden Zufriedenheitsbefragungen durchgeführt und fleißig Büroräume umgebaut, sogar in Griechenland durfte gearbeitet werden. Und das Ganze trug das Label „New Work“ – ein fatales Missverständnis. Menschen können andere Menschen gar nicht zufrieden „machen“. Das ist eine sehr mechanistische Vorstellung von unserem Innenleben. Zufriedenheit ist das Ergebnis einer internalen Bewertungsdynamik, die sehr komplex ist und auf bisheriger Erfahrung, Sozialisation, Persönlichkeitsmerkmalen und noch einigen anderen Faktoren beruht. Für die eigene Zufriedenheit zu sorgen ist zudem gelebte Selbstverantwortung. *Das* ist New Work. Es geht im Kern darum, dass Menschen nicht zu viel stupide Lohnarbeit machen sollen (siehe die oben genannte Studie zum sinnlosen Arbeiten), sondern Arbeit, die sie – wie Frithjof Bergmann es ausdrückte – *wirklich, wirklich wollen.*

Fragen wir die Menschen, ob sie ihren jetzigen Beruf wieder wählen würden und ob sie ihn grundsätzlich gern ausüben, bejahen das die meisten von ihnen. Aber dann kommt die Einschränkung: „… aber nicht mehr, *wie* ich ihn ausüben muss!“ Es sind also die Arbeitsbedingungen, wie durch ausreichend viele Studien belegt und von denen wir hier nur einige zitieren, die zu Stress und Erschöpfung, Langeweile und innerer Kündigung führen. Die Zufriedenheitsorientierung hat dieses Problem verdeckt, und so konnte es vor sich hin schwelen, ohne gelöst zu werden.

Echtes Neues Arbeiten setzt die Wertschöpfung in den Mittelpunkt, es basiert auf der Grundannahme, dass Menschen wirksam sein und etwas leisten wollen. Eigentlich hätten die Unternehmerinnen und Unternehmer dieses Landes also jubeln müssen, als sich die Idee von New Work verbreitete. Denn die Fokussierung auf Wertschöpfung („Arbeit, die ich wirklich will“) könnte zu einer echten Win-win-Situation für sie genauso wie für ihre Mitarbeitenden führen. Unternehmen brauchen Produktivität, um erfolgreich zu sein, und sowohl Führungskräfte als auch Mitarbeitende brauchen Produktivität, um sich als selbstwirksam und kompetent zu erleben. Das ist – wir betonen es erneut – das Gegenteil von autoritärer Führung! Diese wird nämlich, kombiniert mit den Auswirkungen der Restrukturierung, die Menschen noch weiter in die Erschöpfung und in die (innere) Abkehr treiben. Im Übrigen lässt sich „Zufriedenheit“ nicht organisationsdiagnostisch messen: Die einen sind zufrieden, wenn sie bei der Arbeit in Ruhe gelassen werden, die anderen, wenn sie anspruchsvolle Aufgaben bekommen, und die Übrigen, weil sie eine Gehaltserhöhung bekommen haben. Und was in der Diagnostik nicht messbar ist, kann auch nicht gezielt beeinflusst werden.

Empowerment ist der einzige Weg und das Gegenteil von autoritärer Führung

> *Um Mitarbeiter zu halten, erhöhen Unternehmen Gehälter und bieten flexiblere Arbeitszeiten. Besser wäre es, Jobs so zu gestalten, dass sie Freude machen.*
>
> *– Marcus Buckingham, englischer Autor und Berater*

Die repräsentative ADPRI-Erhebung, für die 50.000 Erwerbstätige weltweit befragt wurden, erbrachte klare Ergebnisse. „Die stärksten Prädiktoren für Mitarbeiterbindung, Leistung, Engagement, Resilienz und Inklusion waren nicht Bezahlung, sympathische Kollegen, ein attraktives Arbeitsumfeld oder ein starker Glaube an die Mission des Unternehmens. Alle diese Faktoren hatten eine gewisse Relevanz."[65] Keiner von ihnen war jedoch so signifikant wie der folgende: „War ich mit Freude bei der Arbeit, hatte ich die Möglichkeit, meine Stärken einzubringen, und gibt mir die Arbeit die Gelegenheit zu tun, was ich gut kann und was ich liebe?" Das bestätigen auch die Forschungen zum psychologischen Empowerment.

Das psychologische Empowerment, mit dem sich die Führungsforschung noch intensiver beschäftigt hat, besteht laut der Managementprofessorin Gretchen Spreitzer[66] aus vier Bewertungen, die wir auch bereits angesprochen haben: das Erleben von Kompetenz, Bedeutsamkeit, Selbstbestimmung und Einfluss. Hier existiert die Überzeugung, die eigene Arbeit kontrollieren zu können, Prozessen nicht blind ausgeliefert zu sein und über Initiativen oder Regeln nach eigener Auffassung in einem angemessenen Rahmen (mit)entscheiden zu können. Neben dieser inneren Kontrollüberzeugung (Autonomie) wird mit dem psychologischen Empowerment, wenn es als solches empfunden wird, auch immer eine als bedeutungsvoll erlebte Arbeit verbunden (Kongruenz der Arbeitsziele mit eigenen Einstellungen). Hinzu kommt die Überzeugung, genug Kompetenz für die Umsetzung der Arbeitsanforderungen zu besitzen (Selbstwirksamkeit) sowie das Gefühl, durch sein Tun einen Unterschied zu machen, also Wirkung (Bedeutsamkeit) zu entfalten. Resultante des Ganzen ist dann die sogenannte intrinsische Arbeitsmotivation. Empowerment, also „Bevollmächtigung" oder „Stärkung der Entscheidungskompetenz" von Mitarbeiterinnen und Mitarbeitern gibt es in zwei Varianten. Zum einen das strukturelle Empowerment – dazu mehr in Kapitel 3 – und zum anderen das psychologische Empowerment.

Delegieren ist nicht empowern!

Prof. Dr. Carsten Schermuly verweist in diesem Zusammenhang auf neuere Forschungen, die gezeigt haben, dass psychologisches Empowerment zudem auch das Innovationsverhalten stärkt.[67] Wer sich als wirksam und autonom erlebt, hat eher das Gefühl, die eigene Arbeit kontrollieren zu können, Prozessen nicht blind ausgeliefert zu sein und über Initiativen oder Regeln nach eigener Auffassung in einem angemessenen Rahmen (mit) entscheiden zu können.

Diese vier Grundprinzipien des Modells – Selbstbestimmung, Kompetenz, Einfluss und Bedeutsamkeit – erlebt man in klassischen Hierarchien nicht gerade oft. Fachliche Anweisungen und Feedback kommen nahezu ausschließlich von oben aus der Hierarchie, die Arbeitsabläufe sind maximal fragmentiert und es gibt – je nach Führungsstil – mal mehr, mal weniger, aber meistens nie genug Freiräume.

Und jetzt multiplizieren wir die aktuelle Arbeitserschöpfung mit den negativen Auswirkungen von Restrukturierungen und stellen das Ergebnis dem Potenzial von Empowerment, Entbürokratisierung und Fokussierung gegenüber.

Empowerment steht evidenzbasiert in unmittelbar positivem Zusammenhang sowohl mit einer Mobilisierung der Mitarbeitenden als auch mit ihrer stärkeren Bindung an die Organisation, mehr Leistung und im Ergebnis höherer Zufriedenheit. Allerdings handelt es sich nicht um ein statisches Konstrukt, das man einfach nur trainieren müsste. Es wäre ein eher klassischer Reflex, nun eine Trainingsreihe „Empowerment-orientierte Führung" aufzusetzen. Nein, hinter dieser Art zu führen steckt viel eigene Reflexionsarbeit, Selbstkenntnis und selbstkongruentes Verhalten. Außerdem hängt die Wirksamkeit – Führung ist wirkungsorientiert – auch immer vom Gegenüber ab, sodass es auch stets darum geht zu erkennen, in welcher Intensität Verantwortungsübertragung für Ihr Gegenüber gewünscht ist. Und das ist in einer von Krisen geprägten Situation unzweifelhaft eine Herausforderung, weil es kontraindiziert zum autoritären Reflex verläuft. Um den großen Hebel des psychologischen Empowerments wirklich zu verstehen, muss verinnerlicht werden, was Wertschöpfung ist: nämlich operative Leistung. Und wer sie erbringt: nämlich die Mitarbeitenden.

Vor zwei Jahren wurde eine Umfrage unter 30.000 europäischen Unternehmen durchgeführt. Nur 25 % der teilnehmenden Manager gaben an, der Meinung zu sein, dass die Beschäftigten an der Basis entscheidend für den Erfolg sind. Nur ein Viertel!

– Gary Hamel, amerikanischer Ökonom und Unternehmensberater

Ist in Ihrem Unternehmen wirklich allen Beteiligten klar, wer die Leistung erbringt und wo? Ein Diskurs darüber könnte erhellend sein.

Deutschland ist laut dem New-Work-Barometer 2024 im DACH-Raum der schlechteste Platz für Empowerment. Über die vier Dimensionen des psychologischen Empowerments ergibt sich ein Wert von 52 %, und bei drei dieser vier Dimensionen liegt Deutschland auf dem letzten Platz. Bei New Work wird nämlich viel Wert auf Selbstbestimmung, aber nur wenig auf Einfluss, Kompetenz und Sinnerleben gelegt. Und dass nur 40 % der Organisationen in Deutschland das Sinnerleben mit New-Work-Initiativen fördern wollen, ist insbesondere in Krisenzeiten und Zeiten des Umbruchs eine große Verschwendung von Potenzial.

Wir haben in diesem Kontext die Entrümpelung von Arbeit und die Reduktion von Bullshit Work schon angesprochen. Das ist elementar für das Erreichen einer hohen Produktivität und daraus resultierend einer hohen Arbeitszufriedenheit und dem bereits erwähnten Sinnerleben. Menschen wollen wirksam sein in dem, was sie tun. Und 20 Tabellen pro Woche auszufüllen, bei denen nicht einmal klar ist, wofür genau sie gebraucht werden, ist nicht produktiv – und kann dementsprechend auch niemanden zufrieden machen. Auch wenn wir also nicht meinen, dass Unternehmen für die Zufriedenheit ihrer Beschäftigten zuständig sind, so tragen sie doch – und zwar ganz in ihrem eigenen Interesse –, Verantwortung für Bedingungen, unter denen intrinsisch motivierte Menschen gute Arbeit leisten können, ohne ihre Gesundheit aufs Spiel zu setzen.

Der rote Knopf und die Sache mit der Angst

Da wir nun festgestellt haben, dass das Streben nach Produktivität und Leistung durch Empowerment-orientierte Führung der richtige Weg ist – ob in Krisen, trotz Krisen oder wegen Krisen, aber vor allem wegen der allenthalben um sich greifenden Erschöpfung und mangelnden Arbeitslust, fehlt uns für eine *Future Transformation* noch ein Baustein zum Thema Führung, und zwar die psychologische Sicherheit. Geübte Leserinnen und Leser von Führungsliteratur seufzen nun eventuell, weil sie finden, dass auch dieses Thema bereits allzu häufig auf die Agenda gesetzt wurde. Wir sind da anderer Auffassung. Solange dieses elementare Konzept noch nicht verinnerlicht wurde, braucht es eine Bühne, bis es in die Führungsroutine übergegangen ist. Und was hat das jetzt mit dem roten Knopf zu tun?

Frederic Laloux erzählt in seinem Buch „Reinventing Organizations"[68] eine eindrucksvolle Geschichte aus der Automobilindustrie, die die Bedeutung von Unternehmenskultur und psychologischer Sicherheit verdeutlicht. Toyota, ein Pionier in der Entwicklung effizienter Produktionssysteme, führte in den 1950er-Jahren das sogenannte Andon-Cord ein – einen roten Stoppknopf, den jeder Arbeiter betätigen konnte, wenn er ein Problem in der Produktion oder am Produktionsband bemerkte. Das Ziel war, Qualitätsprobleme sofort zu identifizieren und zu beheben, bevor sie den weiteren Produktionsprozess beeinträchtigen konnten. Das Besondere an diesem System war jedoch nicht nur der technische Aspekt, sondern die zugrunde liegende Kultur der psychologischen Sicherheit bei Toyota. Die Arbeiter fühlten sich ermutigt und befugt, den Stoppknopf zu drücken, ohne Angst vor negativen Konsequenzen haben zu müssen.

Beeindruckt von der Effizienz und Qualität des Toyota-Produktionssystems, entschieden sich die deutschen Autobauer, das Andon-Cord-System ebenfalls einzuführen. Trotz der technischen Implementierung blieb der erhoffte Erfolg jedoch aus. Niemand betätigte den roten Knopf. Die deutschen Autobauer hatten verkannt, dass der Erfolg des Andon-Cords maßgeblich auf der zugrunde liegenden Kultur der psychologischen Sicherheit beruhte. In den deutschen Unternehmen aber fehlte die psychologische Sicherheit, die notwendig war, damit Arbeiter sich trauten, den Stoppknopf zu betätigen. Es herrschte eine Atmosphäre der Angst vor negativen Konsequenzen, was dazu führte, dass Probleme nicht sofort gemeldet und behoben wurden. Diese Geschichte zeigt, dass die bloße Nachahmung erfolgreicher Praktiken ohne Anpassung an die eigene Unternehmenskultur oft nicht den gewünschten Erfolg bringt.

Gehen wir noch einen Schritt näher heran an die Psychologische Sicherheit. Amy Edmondson, Forscherin an der Harvard Business School, untersucht seit 1999 das Konzept der psychologischen Sicherheit als Voraussetzung für die Lern- und Veränderungsbereitschaft in Teams, und ihre Ergebnisse wurden eindrucksvoll im Google-Projekt „Aristotle" bestätigt. Zwei Jahre lang ist Google mit 180 Teams den Fragen nachgegangen, was normale Teams von Hochleistungsteams unterscheidet und warum die Effektivität einiger Teams signifikant über der von anderen liegt. Im Ergebnis stellte das Technologieunternehmen fest, dass es weniger auf die Akteure innerhalb eines Teams ankommt als vielmehr auf ihre Interaktion. Und ein Aspekt stach hier besonders heraus: die psychologische Sicherheit. Sie bestimmte, wie offen die Teammitglieder dafür waren, Unsicherheit und Unvollkommenheit untereinander zu teilen. Psychologische Sicherheit beschreibt das Maß der Sicherheit, die Teammitglieder empfinden, wenn es darum geht, unangenehme Wahrheiten auszusprechen, Fehler einzugestehen und untereinander Verletzlichkeit und Unsicherheiten zu zeigen. Sie ist die Grundlage für Verlässlichkeit, klare Strukturen, Bedeutung und positive Auswirkungen der Teamarbeit. Teams sind dann erfolgreich, wenn ihre Mitglieder offen über Fehler und Unsicherheiten sprechen können, ohne negative Konsequenzen befürchten zu müssen.[69] Das schafft Vertrauen und Verantwortung und sorgt insgesamt für bessere Ergebnisse. Amy Edmondson konnte zudem in ihren Untersuchungen darlegen, dass Teams mit hoher psychologischer Sicherheit kreativer, innovativer und effektiver sind.

Die Forschungsergebnisse zeigen zudem, dass es sich bei der psychologischen Sicherheit um ein Schlüsselkonzept der Teamarbeit und damit eben auch der modernen Arbeitswelt handelt. Zunehmende Unsicherheit, der Wegfall von Strukturen und Grenzen sowie die Zunahme von Selbstführung und Selbstorganisation können nur durch gelingende Kommunikation und Entscheidungsprozesse im Team zu mehr Flexibilität, Kreativität und Innovationen führen. Also: Psychologische Sicherheit kann als Basis für gelingende Teamarbeit und Identifikation mit dem Team und somit für agiles Arbeiten und New Work angesehen werden.[70]

Auch das Führungsverhalten hat großen Einfluss auf die psychologische Sicherheit im Team, da Mitglieder sich am Verhalten der Führungspersonen orientieren, besonders im Umgang mit Macht. Positive Führungsstile (wie integrative, transformationale, ethische und veränderungsorientierte Führung sowie Leader-Member-Exchange und geteilte Führung) fördern das Lernverhalten und die Lernkultur im Team durch erhöhte psychologische Sicherheit. Diese Führungsstile unterstützen ebenfalls offenes Feedback, Wissensaustausch und konstruktive Fehlerdiskussionen im Team.

Ein interessantes Zusatzergebnis ist, dass die sogenannte Remote interaction positiv mit der psychologischen Sicherheit korreliert. Dieses Ergebnis kann nur dahingehend gedeutet werden, dass sich Teammitglieder, die nur über Bildschirme miteinander agieren, persönlich sicherer vor Kritik, Ablehnung, Angriffen, Bloßstellungen, abfälligen Kommentaren etc. fühlen. Dies lässt sich mit Erfahrungen aus Videokonferenzen erklären: Die Interaktion verläuft langsamer, teilweise sogar schleppend, viele Teilnehmende verhalten sich eher passiv, und nur ein Bruchteil der Mitteilungen, die üblicherweise in Präsenzmeetings abgesetzt werden, entsteht im virtuellen Raum bzw. wird dort wahrgenommen. Nur die wichtigsten Dinge werden gesagt oder eingebracht. Alle überlegen, ob ihre Beiträge wichtig sind, und es ist zudem nicht so leicht, zu Wort zu kommen; einfach dazwischenzureden oder mit dem Nachbarn zu tuscheln ist nicht möglich. Alle wollen fertig werden und das Treffen nicht länger als nötig ausdehnen.

Aktuellen Studien zufolge ist der Aspekt der psychologischen Sicherheit tatsächlich der Faktor mit dem allergrößten Einfluss, wenn man erfolgreiche Teams schaffen will. Psychologische Sicherheit erzeugt eine größere Bereitschaft, Risiken einzugehen, und erhöht die Kreativität. Teammitglieder müssen das Gefühl haben, Fragen stellen zu dürfen, ohne dass andere sich über sie lustig machen, oder auch mal einen Fehler machen zu können, ohne innerhalb des Teams als inkompetent dargestellt zu werden.

Das menschliche Grundbedürfnis, im Dialog zu stehen, seine Meinung zu vertreten und Gehör zu finden, macht Austausch während Zusammenkünften produktiv. Meetings hingegen, in denen die Beteiligten nicht oder kaum zu Wort kommen, wirken verunsichernd und führen zu innerem Rückzug. Nicht zuletzt gehen eine Menge gute Ideen verloren. Wenn wir uns hingegen zeigen können, wie wir sind, wenn wir uns nicht verstellen müssen und auch bei der Arbeit ein „ganzer Mensch“ sein dürfen, spart das viel Energie, und die Arbeit wird deutlich effizienter.

Ein weiterer hochrelevanter Aspekt für die Etablierung von psychologischer Sicherheit beginnt mit dem Verzicht auf Verurteilungen – ob offen ausgesprochen oder mimisch zum Ausdruck gebracht. Fällt Ihnen unter Umständen gerade siedend heiß ein, wie häufig in Ihrem Unternehmen über die Generation Z, also die jungen erwachsenen Arbeitnehmenden geschimpft wird und wie häufig sie abgewertet und verurteilt werden?

Ein kurzes Zwischenfazit: Statt autoritärer Führung braucht es – insbesondere, wenn man in Krisen mobilisieren will – Empowerment-orientierte Führung und eine hohe psychologische Sicherheit auf Teamebene. Das wäre ein weiterer wesentlicher Unterschied zwischen einer klassischen harten Restrukturierung und einer *Future Transformation*.

PRODUKTIVITÄT: BESCHÄFTIGT SEIN VS. PRODUKTIV SEIN

> *Deutsche Unternehmen verlieren 114 Mrd. Euro p. a. durch Arbeitsunterbrechungen, Multitasking und unnötige Meetings. Stressbedingte Ausfallkosten nicht einberechnet.*
>
> *– Studie „Kosten von Arbeitsunterbrechungen für deutsche Unternehmen"*

Einer Studie des Think Tanks Next Work Innovation aus 2022 zufolge werden Wissens-, Kreativ- sowie hochqualifizierte Sachbearbeiterinnen und -bearbeiter alle vier Minuten (sic!) in ihrer Tätigkeit unterbrochen.[71] An der Studie nahmen 25 Unternehmen aus zwölf verschiedenen Branchen mit Schwerpunkt Wissensarbeit und Sachbearbeitung teil, die ein digitales Tagebuch führten. Es handelt sich mithin nicht um Schätzwerte, sondern um real gemessene Daten.

Unser Gehirn braucht nach jeder Unterbrechung eine gewisse Re-Fokussierungszeit, um sich wieder auf die Aufgabe zu fokussieren, bei der es gerade unterbrochen wurde. Bei einfachen Tätigkeiten verlängert sich die Bearbeitungszeit immerhin schon um 15 %. Je mehr Konzentration eine Aufgabe jedoch erfordert, umso deutlicher verlängert sich die Bearbeitungszeit, und zwar um bis zu 28 %. Zudem werden nur 82 % der unterbrochenen Aufgaben überhaupt fertiggestellt, und es dauert im Schnitt 23 Minuten, bis wir zur ursprünglichen Aufgabe zurückkehren können, da wir in der Zwischenzeit noch 2,26-mal unterbrochen wurden.[72]

> *2019 herrscht in unseren Büros der diktatorische Geist des Bienenstocks: Die Angestellten sind gefangen in einer Endlosschleife aus Dauerkommunikation, Zwangsvergemeinschaftung und immerwährender Präsentation. Sie sind verschüttet unter einer Lawine von Anfragen.*
>
> *– Adam Grant, Wharton Business School*

Alle vier Minuten unterbrochen zu werden, führt mitten hinein in ein Arbeiten im Hamsterrad, wie sich sowohl anhand der zuvor benannten Studie als auch mittels Erhebungen des Bundesamtes für Arbeitsschutz und Arbeitssicherheit sowie neurowissenschaftlichen Studien belegen lässt. Wiederholte Arbeitsunterbrechungen und Multitasking sind massive Stressoren, die zu einer tiefen Erschöpfung führen. Für die inflationäre Dauernutzung von Online-Meetings gibt es bereits die erste Arbeitsdiagnose „Zoom-Fatigue“, und es wird erforscht, warum permanentes Online-Arbeiten zu so tiefer Erschöpfung führen kann, dass die Betroffenen über Wochen mit Symptomen ausfallen, die denen eines Burnouts ähneln. Nach Schätzungen der BAuA entfallen jährlich 36,1 Mrd. Euro – das entsprach 2019 1,1 % des Bruttonationaleinkommens – auf stressbedingte Ausfallkosten, und der Arbeitsausfall aufgrund psychischer Erkrankungen erreichte 2022 einen neuen Höchststand. Mit 301 Fehltagen je 100 Versicherte lagen die Fehlzeiten wegen dieser Erkrankungen um 48 % über dem Niveau zehn Jahre zuvor.[73] Nun veröffentlichte die DAK in ihrem Report 2024, dass sich die Hälfte der Versicherten zwischen Januar und Juni mindestens einmal krankgemeldet habe. Belastungsreaktionen und Anpassungsstörungen verursachten 89 AU-Tage und hatten mit einem Plus von 29 % den stärksten Anstieg bei den AU-Fällen, was laut DAK auch am Anstieg der Arbeitsdichte, am erhöhten Leistungsdruck und an einer unrealistischen Arbeitsmenge aufgrund fehlender Fachkräfte lag. Nach einem Rekord-Hoch 2023 (5,5 %) ist der Krankenstand mit 5,7 % in diesem Jahr erneut angestiegen, und laut DAK ist keine Entwarnung in Sicht.[74]

Erinnern wir uns kurz an die Ausführungen zu der sich unter Führungskräften und Mitarbeitenden ausbreitenden Erschöpfung. Diese fragmentierte Art zu arbeiten kann als eine wesentliche Ursache für die sich weiter verstärkende Erschöpfung identifiziert werden. Gerade haben wir uns auf etwas konzentriert, schon kündigt der E-Mail-Eingang mit einem *Pling* den Empfang einer Nachricht an, oder jemand fragt etwas – „Nur ganz kurz!" – oder wir sehen mal schnell auf dem Smartphone nach oder … Letzteres tun wir laut dieser Studie sogar mehrmals pro Stunde, ohne dass wir eine Benachrichtigung bekommen haben. Die Studie konnte jedenfalls zeigen, dass von den 15 Unterbrechungen pro Stunde sechs ohne äußeren Anlass aus einem unwillkürlichen inneren Impuls heraus entstanden.

> *Wir sind nicht mehr Pawlow, sondern der Pawlowsche Hund, der sabbert, wenn das Outlook-Briefchen erscheint.*

Das liegt daran, dass das Gehirn bei Informationszuwendung das Belohnungserwartungssystem einschaltet und darüber Dopamin ausgeschüttet wird, das zwar häufig als Glückshormon bezeichnet wird, vor allem aber Neugierde und positive Erwartung auslöst. Und darauf sind wir spätestens seit 2007 trainiert, dem Start des iPhone und damit auch der Aufmerksamkeitsökonomie. Unser Gehirn ist zwar kein Muskel, aber Sie können es sich durchaus als einen solchen vorstellen. Sportler, die auf Kurzstrecken spezialisiert sind, trainieren anders als ihre Kollegen, die sich auf einen Marathon vorbereiten, also einen langen Weg, für den man Zeit braucht. Das bedeutet – um für unser Gehirn im Bild zu bleiben –, dass wir unseren Langstreckenläufer im Kopf sehr strapazieren mit den ständigen Unterbrechungen, die wir während unserer Arbeit immer wieder zulassen. Und nicht nur das: Wir verschwenden aufgrund der jedes Mal wieder benötigten Re-Fokussierungszeit ganze drei Tage an Arbeitszeit pro Monat, wie die Studie ergab.

Es geht darum, sich nicht durch konstante Beschäftigung zu betäuben, sondern auf Produktivität zu fokussieren.

Meetings, so weit das Auge reicht

So sehr es den Unternehmen geholfen hat, über Online-Meetings während der Pandemie die Wertschöpfung aufrecht zu erhalten – was zu viel ist, ist zu viel. Die Meeting-Rate ist trotz unserer Rückkehr in die berufliche Normalität nicht wieder gesunken – sie ist seit 2020 um 153 % gestiegen, im Vorjahr lag der Wert noch bei +148 %.[75] Mindestens zwei Tage pro Monat gehen, wie die bereits benannte Studie zu den Kosten von Arbeitsunterbrechungen ermittelt, während irrelevanter Meetings verloren. Wer hat schon in seinem Arbeitsvertrag als vertraglich vereinbarte Leistung „Meetings abhalten" stehen? Und wenn der – ebenfalls gemessen – überwiegende Teil der Meetings keine Zielstellung, keine Agenda und kein Protokoll hat, dann ist ein wertschöpfender Output unwahrscheinlich. Insbesondere da der Zusammenhang zwischen effizienten Meetings und unternehmerischem Erfolg nachgewiesen ist, versuchen viele Unternehmen, die bereits auf das Problem aufmerksam geworden sind, dem Problem mit Meeting-Regeln und/oder mit meetingfreien Freitagen oder ähnlichem beizukommen. Allerdings sind das Übermaß der Meetings sowie ihre Ineffizienz nur als ein Symptom einer insgesamt unzureichenden Organisation zu werten. Sie separat und isoliert anzugehen, löst die Probleme daher nicht, wie wir in nahezu allen Firmen sehen konnten, die das probiert haben.

Wenn wir mit Unternehmen über das The-Focused-Company-Modell sprechen und über die Implementierung einer täglichen Fokuszeit von zwei Stunden am Vormittag, einem Herzstück von The Focused Company, dann lautet immer die erste Reaktion: „Aber was ist mit den Kunden, wenn die uns nicht erreichen?" Eine durchaus wünschenswerte Kundenorientierung. Allerdings fragt sich niemand, wie die Kunden einen erreichen sollen, wenn man mehr oder weniger ununterbrochen in Meetings sitzt.

Wenn wir die Makroperspektive einnehmen, dann wird das Bild noch klarer. Von 2011 bis 2021 stieg die Produktivität jedes Erwerbstätigen in Deutschland nur noch um durchschnittlich 0,2 % pro Jahr. Dieser Wert lag einmal bei 5 %. Schon der US-Makroökonom und Nobelpreisträger Robert Solow hat sich mit der weltweit stetig sinkenden Produktivität bei gleichzeitiger Digitalisierung auseinandergesetzt und dafür den Begriff des Produktivitätsparadoxons etabliert.

> *Sie können das Computerzeitalter überall sehen, nur nicht in der Produktivitätsstatistik.*[76]
>
> *– Robert Solow, US-Makroökonom*

Die durch Fragmentierung und Multitasking entstehende Produktivitätslücke und die daraus folgenden Kosten sind allerdings nicht die einzigen Probleme, die sich aus der Art ergeben, wie wir unsere Arbeit erledigen. Schauen wir uns kurz (und fachlich stark vereinfacht) an, was im Gehirn passiert, wenn wir in unserer Tätigkeit häufig unterbrochen werden oder regelmäßig im Multitasking-Modus arbeiten. Unser Denkorgan ist nämlich gar nicht dazu in der Lage, zwei oder sogar mehr konzentrationsbedürftige Aufgaben gleichzeitig zu erledigen. Wir springen also nur zwischen den Aufgaben hin und her. Das tun wir manchmal so schnell, dass es uns so vorkommt, als würden wir diese Dinge gleichzeitig tun – das stimmt aber nicht. Wir switchen, und das umso häufiger, je emotional relevanter die Unterbrechungsimpulse sind.

Gloria Mark fand in einer Studie an der University of California heraus, dass Menschen nach Unterbrechungen teilweise schneller arbeiten, offensichtlich, um den Zeitverlust zu kompensieren. Dieses schnellere Arbeiten geht allerdings mit einem höheren Stresslevel einher, den man messen kann. Es ist wie die sprichwörtliche Wahl zwischen Pest und Cholera: Entweder verlieren wir Zeit durch die Unterbrechung – oder wir haben deutlich mehr Stress durch den Versuch, die durch die Unterbrechung verlorene Zeit zu kompensieren. Dadurch erhöht sich auch unsere Fehlerquote um bis zu 18 %, wobei schon 2,8 Sekunden Unterbrechung ausreichen, um diese Quote negativ zu beeinflussen. Eine 2021 veröffentlichte Studie des Leibniz-Instituts für Arbeitsforschung an der TU Dortmund zeigt, wie stark das Arbeitsgedächtnis durch Störungen beeinträchtigt wird. Bei Probanden, die während einer Gedächtnisübung durch Störsignale unterbrochen wurden, litt die spätere Erinnerung an die jeweilige Information auf signifikante Weise. Interessant dabei war, dass ihnen der Verlust an Aufmerksamkeit nicht einmal auffiel. Gerade einmal 12 % von ihnen bemerkten, dass sie geistig gar nicht bei der Sache waren.[77]

We often think that we can do more if we multitask, but what we are really doing is cutting our quality down in favor of quantity of work.

– Steve Jobs, ehemaliger CEO Apple

Unserem von immer mehr Reizen und Informationen überfluteten Gehirn fällt es zudem immer schwerer, aus dieser Fülle das für uns Relevante auszuwählen. Eine tiefe geistige Verarbeitung der Inhalte findet nicht mehr statt, wir denken oberflächlicher, und unser Gedächtnis verschlechtert sich. Wiederholte Unterbrechungen führen darüber hinaus zu einer höheren Ausschüttung des Botenstoffes Cortisol – einem biochemischen Hinweis auf einen hohen Stresslevel. Letzteres war übrigens bei der oben beschriebenen Studie auch dann der Fall, wenn die Probanden ihre Belastung gar nicht als solche wahrnahmen und auch nicht darunter litten.

Schlechtere Entscheidungen sind vorprogrammiert

Notorisches Multitasking und ständige Arbeitsunterbrechungen stressen auch viele der von der Fokussierungsfähigkeit abhängigen kognitiven immens wichtigen Funktionen. Darunter fallen unter anderem:

- das Erkennen von Problemen,
- die Einleitung von passenden Maßnahmen,
- unsere Fähigkeit zu priorisieren,
- unsere Innovationsfähigkeit und Kreativität,
- unsere Fähigkeit zur Empathie und
- unsere Impulskontrolle.

Mit anderen Worten: Es werden deutlich schlechtere, unüberlegtere und emotionalere Entscheidungen getroffen, und das Gehirn greift intuitiv auf „alte“ Lösungen zurück.

Mehr Multitasking und Fragmentierung in den Management-Etagen

Wenn wir diese Erkenntnisse in die Management-Etagen übersetzen, dann fällt als Erstes auf, dass sowohl Fragmentierung als auch Multitasking in der Hierarchie nach oben hin ansteigen. Mit anderen Worten: Dort gibt es noch weniger Raum, um nachzudenken!

> *Die Vorstände haben jeden Tag diese Hetze, dieses Getriebensein. Das hat auch mit Social Media zu tun. Es ist alles sofort präsent, alles wird sofort kommentiert. Darum beneide ich niemanden. Diese Kombination – Krisen managen, gegenüber den Mitarbeitern transparent sein, die Märkte nicht verprellen, keinen Shitstorm verursachen – ist fast unmöglich zu schaffen.*
>
> *– Simone Menne, Multiaufsichtsrätin*

Das Unternehmensumfeld ist deutlich komplexer und herausfordernder, Polykrisen sind an der Tagesordnung, und eigentlich müsste man in den Management-Etagen eine Stecknadel fallen hören können, weil alle Anwesenden damit beschäftigt sind, intensiv nachzudenken. Was allerdings nicht der Fall ist, wie die Studie ergab. Der Börsenguru Warren Buffett erzählte einmal, dass er täglich für zwei Stunden die Füße auf den Schreibtisch legt, aus dem Fenster schaut und nachdenkt, was sein Umfeld, wie er es beschrieb, regelmäßig massiv irritiere, weil solch ein Verhalten nicht der amerikanischen Arbeitskultur entspreche. Für ihn jedoch ist das die Conditio sine qua non für seinen märchenhaften Erfolg: Nachdenken.

Wenn Fragmentierung und Multitasking nicht nur stressauslösend sind, sondern auch dazu führen, dass Probleme schlechter erkannt (weil nicht durchdacht) werden und das zu schlechteren Lösungen und – das liegt am Stressmodus selbst – zur Reaktivierung linearer Denkweisen und vormals erfolgreicher Lösungen führt, ob sie nun passen oder nicht, dann wird deutlich, warum die gestiegene Komplexität für die Management-Etagen eine solche Herausforderung ist und die Beteiligten auf einmal jede Menge Retro-Lösungen präsentieren.

Hetze, Hetze, Hetze – organisationale Stressmuster

Abhängig Beschäftigte mit Restrukturierungserfahrungen berichten häufiger als Befragte ohne solche Kenntnisse von einer erhöhten Arbeitsbelastung. Das betrifft insbesondere psychische Belastungen wie Termin- oder Leistungsdruck, Konfrontation mit neuen Aufgaben, Störungen, Unterbrechungen und Multitasking, wie die Daten der BIBB/BAuA-Erwerbstätigenbefragung 2018 zeigen.[78] Die Betroffenen berichten auch häufiger als die Vergleichsgruppe von gesundheitlichen Beschwerden, die mit hohen psychischen Anforderungen in Zusammenhang stehen wie allgemeine Müdigkeit, Mattigkeit oder Erschöpfung. Addieren wir also die Erschöpfung, die durch die Krisenstimmung, aber auch durch fragmentierte Arbeit und ständige Meetings entsteht, mit den gemessenen und daher erwartbaren Effekten von Restrukturierungen, dann muss konstatiert werden, dass die Ressourcen für eine „harte" Restrukturierung nicht ausreichen (werden). Zumindest nicht, wenn die gewünschten Effekte erreicht werden sollen, die über linear in der Bilanz sichtbare Massenentlassungen hinausgehen.

Wer arbeitet eigentlich noch?

31.000 Arbeitnehmer wurden im Work Trend Index von Microsoft weltweit befragt. Fast 70 % der Umfrageteilnehmenden gaben an, sie hätten nicht genügend Zeit, um sich ungestört auf ihre eigentliche Arbeit konzentrieren zu können.[79] Dabei wissen wir ja, dass die operative Wertschöpfung überall dort erbracht wird, wo man unmittelbar am Produkt oder am Kunden arbeitet – in der Regel also auf der Ebene der Mitarbeitenden.

Es ist eine Absurdität der heutigen Arbeitswelt, dass sich kaum noch jemand ernsthaft konzentrieren kann, weil wir alle ständig unterbrochen werden – aber viele Mitarbeitende, die darum kämpfen, konzentriert arbeiten zu können, immer wieder dazu gezwungen sind, diesen Wunsch zu begründen, obwohl – wissenschaftlich belegt – eine hohe Arbeitsqualität natürlich ein Mindestmaß an Konzentration als Voraussetzung erfordert. Diese „Wir arbeiten so vor uns hin"-Tage, garniert mit (Online-) Meetings und Task Switching lassen uns zwar sehr beschäftigt wirken, sind aber natürlich nicht per se produktiv. Wer solch einen Tag hinter sich gebracht hat, wird in den seltensten Fällen zufrieden nach Hause gehen in dem Gefühl, wirklich und konkret etwas geleistet zu haben. Dieses Gefühl ist jedoch eine unbedingte Voraussetzung für unser Kompetenz- und Selbstwirksamkeitserleben und dieses wiederum eine relevante Voraussetzung für Zufriedenheit, wobei die Zufriedenheit hier ein Effekt von Arbeit ist – und nicht das Ziel. Die Zufriedenheit ist unmittelbar mit dem Ergebnis verknüpft.

> *Beschäftigt sein bedeutet nicht per se produktiv zu sein. Wir verwechseln das aber ständig miteinander.*
>
> *– Vera Starker, Autorin, Wirtschaftspsychologin*

Bundesfinanzminister Lindner überlegte unlängst medienwirksam, wie man den Menschen „Lust auf die Überstunde" machen könne. Unter Umständen sei auch eine „Mentalitätsreform" notwendig, da Arbeit nicht nur eine finanzielle Funktion erfülle.[80] Da empfehlen wir doch lieber eine Erkenntnisreform zum Thema Arbeit. 180 E-Mails sind nicht produktiver als 160 und zehn Online-Meetings nicht ergiebiger als acht. Und eine

42-Stunden-Woche wird unter Beibehaltung der bisherigen fragmentierten Arbeitsweise nur zu mehr Erschöpfung führen, aber keinesfalls zu mehr Produktivität. Zumindest nicht bei den mindestens 43,3 % der Arbeitnehmenden in den wissensintensiven Dienstleistungsbereichen, wenn man die Beschäftigtenzahlen in Deutschland von 2023 zugrunde legt.[81] Hier entstehen immerhin 68,7 % der Bruttowertschöpfung in Deutschland.[82]

Fazit: Wenn wir nach Produktivität suchen, dann liegt sie gewiss nicht in der Anhäufung beliebig gefüllter Arbeitsstunden, sondern direkt vor unseren Füßen, und wir finden sie in der Antwort auf die Frage, wie produktives Arbeiten im digitalen Zeitalter gelingen kann. Intensiver befassen wir uns mit dieser Frage im dritten Kapitel.

DIVERSITÄT: ALT VS. JUNG UND NORM VS. VIELFALT

Die Zeiten des Jugendwahns sind vorbei.

– Nicolas von Rosty, Deutschlandchef Heidrick & Struggles

Zum Unsinn des Generationen-Bashings hatten wir uns ja bereits umfänglich geäußert. Aber was bedeutet eigentlich: „Die Zeiten des Jugendwahns sind vorbei“? Wie man derzeit in vielen Wirtschaftsmedien lesen kann, werden nun wieder routinierte Manager ab 50 Jahren gesucht, die viel Erfahrung in Restrukturierungen haben und hoffentlich über eine „harte Hand“ verfügen. Weniger wohlwollend formuliert könnte das auch lauten: „Die alten weißen Männer dürfen wieder ans Ruder.“ Diese wechselseitige Abwertung bringt uns allerdings keinen Schritt weiter.

Christian Klein wurde vor vier Jahren mit 39 Jahren jüngster CEO eines DAX-Konzerns. Sein heutiger Strategiechef ist 38 Jahre alt. Gemeinsam steuern sie SAP durch die digitale Umbruchzeit, und das tun sie, wie die Börsenwerte zeigen, sehr erfolgreich. Dass Herr Klein auch mit der „harten Hand“ agieren kann, wurde weiter oben schon thematisiert, wenn auch nicht goutiert. Aber würden Sie, zum Beispiel als Aufsichtsrat, bei einer Neubesetzung Ausschau halten nach einem 39-Jährigen CEO und einem 38-jährigen Strategie-Chef, um einen herausfordernden Paradigmenwechsel in einem DAX-Unternehmen einzuleiten? Wahrscheinlich nicht. Und damit würden Sie unter Umständen eine große Chance verpassen. Womit wir beim Thema Diversität angelangt wären.

> *Es braucht Diversität in den Aufsichtsräten. Wie soll ein Vorstandsvorsitzender oder eine Finanzvorständin risikobereit sein, wenn der gesamte Aufsichtsrat sagt: „Nee, nee, nee. Vorsicht, Vorsicht! Haben wir schon mal ausprobiert. Hat nicht funktioniert.*
>
> *–Simone Menne, Multiaufsichtsrätin*

Diverse Teams sind leistungsfähiger und Unternehmen mit divers aufgestellten Teams haben eine deutlich höhere Chance, überdurchschnittlich profitabel zu sein.[83] Und eine Analyse der Unternehmensberatung McKinsey kam 2020 zu dem Ergebnis, dass gender-diverse Firmen eine um 25 % höhere Chance haben, überdurchschnittlich profitabel zu sein. Bei der ethnischen Diversität, die die Internationalität abbildet, liegt der Wert sogar bei 36 %.[84]

Mittlerweile sind das bekannte Effekte, was sich auch daran zeigt, dass diese Daten im Top-Management gut bekannt und dort auch in Teilen bereits etabliert sind – allerdings ist es um dieses Wissen umso schlechter bestellt, je weiter man sich in der Firmenhierarchie nach unten bewegt: Im Topmanagement ist es um 18 Prozentpunkte stärker ausgeprägt als im erweiterten Führungskreis – und sogar um 23 Prozentpunkte stärker als in der Gesamtbelegschaft.[85] Aber dieses Wissen führt leider nicht per se dazu, dass Diversität auch *gelebt* wird in den Unternehmen. Woran liegt das?

Hier kommen unsere Wahrnehmungsverzerrungen, auch Bias genannt, ins Spiel: Die Sozialforschung zeigt, dass Menschen zwischen den Eigengruppen, denen sie sich zugehörig fühlen (in-group), und den Fremdgruppen, auf die das nicht zutrifft (out-group), differenzieren. Unterscheidungsmerkmale können klassische Identitätsmerkmale wie Geschlecht oder Nationalität, aber auch andere Faktoren sein, wie z. B. das Alter. „*Die* Generation Z ist faul und *wir*, die Generation X, erbringen die eigentliche Leistung, und vor allem stellen wir uns nicht so an", ist mittlerweile eine etablierte In-group-out-group-Logik. Auf der anderen Seite wird auf den sogenannten alten weißen Mann geschimpft, ebenfalls das Produkt einer In-group-out-group-Logik. Durch die Zugehörigkeit zur eigenen Gruppe entsteht ein Wir-Gefühl und prägt bzw. verzerrt die Wahrnehmung, sodass vertraute und gewünschte Eigenschaften verstärkt wahrgenommen und hochgeschätzt und die negativen heruntergespielt oder sogar ignoriert werden können – ein In-group-Bias eben.[86]

Die Mitglieder der Fremdgruppe hingegen werden abgewertet und stereotyp über einen Kamm geschoren. Der Out-group-Bias führt häufig zu Vorurteilen, Stereotypen und Diskriminierungen, die mit einem Empathieverlust einhergehen. Zudem sind wir den Menschen der Fremdgruppe gegenüber weniger hilfsbereit, während wir Mitgliedern der eigenen Gruppe sogar aus oft irrationalen Gründen Vorteile verschaffen. Das bedeutet, dass sich Unternehmen dieser Wahrnehmungsverzerrungen sehr bewusst sein müssen, wenn sie diverse Teams aufstellen und von der Diversität profitieren wollen. In der Realität sieht es allerdings ganz anders aus.

Zu alt, zu jung oder womöglich sogar schwanger

In einem Forschungsaufsatz bezeichnen die Autoren Ashley Martin von der Stanford Graduate School of Business und Michael S. North von der New York University Altersdiskriminierung als die letzte immer noch weithin akzeptierte Form der Diskriminierung[87], und die Forschung hat zwei verbreitete Mythen identifiziert, die zu dieser Variante der Diskriminierung beitragen. Mythos 1: Ältere Arbeitnehmer kosten mehr Geld. Mythos 2: Ältere tun sich schwer mit Technologie und dem Erlernen neuer Fähigkeiten. Beides trifft nicht zu, ist aber so weit verbreitet, dass ältere Arbeitnehmende z. B. deutlich schwerer neue Jobs finden oder bei Karriereentscheidungen seltener berücksichtigt werden.

„Ich nehme das jetzt selbst in die Hand", beschloss Klaus-Peter Mikulla und gründete bei Beiersdorf vor acht Jahren das firmeninterne Netzwerk „Neue Generation 50+". Ihn habe umgetrieben, so beschreibt er es in einem Interview, dass die Gesellschaft – und damit auch die Arbeitnehmerinnen und Arbeitnehmer – immer älter werde, aber niemand in den Unternehmen wirklich darauf reagiere. Die Geschäftsführung unterstützte seine Netzwerkidee, die unter anderem Speed Datings in Form von dreiminütigen Gesprächen zwischen jungen und älteren Kollegen und Kolleginnen umfasste. Der Effekt: mehr Verständnis und Respekt füreinander, Aufbau von Netzwerken über die Generationen hinweg. Mikulla hat nun mit seinen Kollegen eine eigene Fortbildungsreihe für Ältere ins Leben gerufen: „New Generation 50+ goes digital."

Wir arbeiten ja heute bis 67. Von 50 bis 67, das ist eine lange Zeit. Ich muss den Leuten in dem Alter Karrierechancen bieten, als wären sie jung, denn ein Drittel ihres Berufslebens liegt ja noch vor ihnen.

– Klaus-Peter Mikulla, Arbeitnehmer

Die Techniker Krankenkasse befragte 1.000 Erwerbstätige über 50, von denen allerdings fast ein Drittel angab, vor dem gesetzlichen Rentenalter aus dem Job gehen zu wollen.[88] Und das, obwohl die Verrentungswelle der Babyboomer ansteht und es akuten Fachkräftemangel gibt. Klaus-Peter Mikulla ist sich sicher, dass es möglich ist, die Wertschätzung gegenüber Mitarbeitenden im höheren Alter zu steigern und damit ihr Wohlbefinden und ihre Bereitschaft zu erhöhen, bis zum regulären Renteneintritt zu arbeiten und nicht früher den Arbeitsmarkt zu verlassen.

Wenn den Unternehmen jedoch die „Jungen“ zu jung (und zu faul), die „Alten“ zu alt und auch die jüngeren Frauen nicht recht sind, weil sie ja schwanger werden könnten, dann bleiben nicht viele Menschen übrig, mit denen zusammen sie wachsen könnten. Altersdiversität sorgt also nicht nur für bessere Teamergebnisse, sondern sie erleichtert auch die dringend notwendige Besetzung der 1,8 Mio. offenen Stellen in der Gesamtwirtschaft, wie die Deutsche Industrie- und Handelskammer (DIHK) ermittelt hat.[89]

Mehr als 90 Milliarden Euro an Wertschöpfung gehen damit in diesem Jahr rechnerisch verloren. Das entspricht mehr als 2 % des Bruttoinlandsprodukts.

– Achim Dercks, DIHK-Experte

Was könnte ein Teil der Lösung sein? Die Einstellung von Zugewanderten. Hier sieht die Lage alles andere als rosig aus. Befragt man deutsche Beschäftigte mit Migrationshintergrund, melden sie 24 % weniger Beförderungen, ein um 25 % geringeres Gehalt und eine um 50 % größere Gefahr, Diskriminierung am Arbeitsplatz zu erfahren, so eine Studie von McKinsey aus dem September 2023.[90] Hier spielt auch der sogenannte Accent Bias eine Rolle, denn Dialekte und Akzente beeinflussen unbewusst über Assoziationen die Wahrnehmung der Kompetenz und Intellektualität einer Person. Das gilt in positiver wie in negativer Richtung.

Laut Studie kann die deutsche Wirtschaft durch mehr kulturelle Vielfalt und Inklusion von einer zusätzlichen Wertschöpfung von mehr als 100 Mrd. Euro profitieren.

„Vielfalt und faire Teilhabe waren schon immer ein Wettbewerbsvorteil für Unternehmen", sagt McKinsey-Partner und Studienautor Denis Francis. „Je volatiler und schnelllebiger die Zeiten werden, desto wichtiger wird es für Unternehmen, vielfältige Perspektiven in ihren Entscheidungen einzubeziehen. Gleichzeitig wird der Fachkräftemangel immer akuter. Unternehmen können davon profitieren, kulturell vielfältige Talente aktiv zu rekrutieren, zu fördern und durch Teilhabe auf Augenhöhe zu halten." Immerhin hat über ein Drittel der Beschäftigten zwischen 25 und 44 Jahren heute einen Migrationshintergrund.[91]

Eventuell gehören Sie auch zu denjenigen, die über die Politik schimpfen, weil die Einbürgerung zu bürokratisch organisiert sei und die Integration sowieso nicht richtig funktionieren würde. Und Sie haben ja auch recht. Aber Sie selbst könnten Ihren Teil zur Lösung des Problems beitragen, indem Sie die Integration in Ihrem Unternehmen vorantreiben und so viel wie möglich gegen die verschiedenen Formen der Diskriminierung in Ihrer Firma tun. Es ist sicher viel Arbeit, das eigene Unternehmen diverser aufzustellen, aber es lohnt sich. Außerdem plädieren wir dafür, den Begriff „Migrationshintergrund“ ein für alle Mal aus dem Vokabular zu streichen, denn über diesen Begriff wird ein Unterschied betont, der keinerlei echte Relevanz hat – schon gar nicht im Arbeitskontext. Dass mittlerweile so viele Fachkräfte aus anderen Nationen zögern, nach Deutschland zu kommen, liegt laut einer OECD-Studie vom Januar 2024 auch daran, dass eine fehlende Willkommenskultur und die (durch Studien belegte) Diskriminierung auch im Ausland wahrgenommen wird und natürlich abschreckend wirkt.[92]

Letztendlich beginnt die Herausforderung aber noch deutlich früher. Denn das trilogische Horrorszenario aus drastisch steigendem Fachkräftemangel bei gleichzeitig steigender Arbeitslosigkeit nicht passend qualifizierter Menschen und Renteneintritt der Babyboomer ist nun Realität – und die daraus resultierende Überbelastung für die Sozialsysteme (und damit für Deutschland insgesamt) unvermeidbar ohne krassen Kurswechsel. 2022 betrug der Anteil der 15- bis 24-Jährigen in Deutschland nur noch 10 % an der Gesamtbevölkerung.[93] Der Anteil junger Menschen, die überwiegend von eigener Erwerbstätigkeit leben, war binnen 30 Jahren von 50 % auf 38 % gesunken und aktuell lebten in 2022 61 % der 15- bis 24-Jährigen hauptsächlich von familiärer oder staatlicher Unterstützung.[94] Laut dem DJI-Kinder- und Jugendmigrationsreport 2020 leben in Deutschland rund 6,7 Mio. junge Menschen mit Migrationshintergrund, das sind 30 % der jungen Generation. 2023 hatten 43,1 % aller Kinder unter fünf Jahren einen Migrationshintergrund.[95]

Wir können diese jungen Menschen mit bisherigen Herangehensweisen in der Ausbildung kaum erreichen. Immer wieder machen Geschichten die Runde, in denen erfolgreiche Menschen mit Migrationshintergrund es nur durch Zufall oder durch Einzelförderung geschafft haben, die ihren Talenten und Kompetenzen angemessene Ausbildung zu durchlaufen und Karriere zu machen. So berichtet auch Gülsah Wilke, dass sie eine Empfehlung für die Hauptschule bekam und nur dank des Durchsetzungsvermögens ihrer Mutter dennoch das Gymnasium besuchen durfte, dort eine Klasse übersprang wegen herausragender Leistungen und als Jahrgangsbeste in ganz Nordrhein-Westfalen das Abitur abschloss.[96] Sie erhielt ein Stipendium für ihr Studium, und ihr danach folgender Karriereweg ist beeindruckend. Zufall? Glück? Und wie viele Talente gibt es, die wir aufgrund von stereotypen Vorurteilen nicht erkennen (wollen)? Diesen Snobismus kann sich die deutsche Wirtschaft gar nicht mehr leisten. So sieht es aus, ob es einem gefällt oder nicht. Allerdings könnte man auch soziales Engagement und die Lösung (eines Teils) unseres Nachwuchsproblems miteinander verknüpfen. Die 2hearts Tech Community fördert gezielt Talente mit Migrationshintergrund und unterstützt sie dabei, erfolgreich im Tech-Ökosystem zu agieren. Auch die Loslösung von überkommenden Vorstellungen von Bewerbungsvoraussetzungen ist Teil des Change zur Gewinnung junger Talente. Expeditors beispielsweise, ein Fortune-500-Unternehmen, verfolgt die Philosophie „Kandidaten müssen die richtige Einstellung mitbringen, die nötigen Fähigkeiten vermitteln wir ihnen!“. Die Loslösung von guten Zeugnissen und einem Berufsabschluss der Bewerber hat dem Unternehmen, in dem alle, angefangen beim Top-Management bis zur Mitarbeiterebene, über das ganze Jahr Weiterbildungen durchlaufen, eine niedrige Fluktuation, eine langjährige Mitarbeiterbindung und nicht zuletzt mehrere Senior Vice Presidents und einen CEO ohne Hochschulabschluss ermöglicht.[97]

Männer nach Potenzial, Frauen nach Leistung

Genderdiversität ist ein weiteres Dauerthema. Quote ja oder nein? Ein Drama in unzähligen Akten. Und im Jahr 2023 lagen immer noch satte 18% Gehaltsunterschied zwischen den Geschlechtern. Interessant ist übrigens auch, dass Männer eher nach Potenzial, Frauen aber nach Leistung (also aus einer absichernden Haltung heraus) beurteilt werden – der sogenannte Performance-Bias. Frauen müssen (immer noch) erst beweisen, was sie können, was dazu führen kann, dass Männer schon für ihr Potenzial belohnt werden, während Frauen deutlich strengere Maßstäbe erfüllen müssen, um eine ähnliche Anerkennung zu erfahren.[98] Was das betrifft, wird vor allem von den Kritikern einer Frauenquote immer wieder angeführt, dass es bereits Chancengleichheit gäbe, und formal gesehen mögen sie auch recht haben, allerdings entsteht dieser Performance-Bias häufig unbewusst. Frauen und Männer werden überdies zwar ähnlich beschrieben, diese Eigenschaften oder Verhaltensweisen aber bei Frauen tendenziell negativ und bei Männern tendenziell positiv interpretiert. Sie kennen das Beispiel bestimmt: Autoritär auftretende Männer werden als durchsetzungsstark bezeichnet, aber Frauen mit dem gleichen Verhalten als herrisch empfunden.

Männliche Leser sollten hier allerdings ebenfalls ins Kleingedruckte schauen, denn Diversität wirkt sich in alle Richtungen positiv aus. Zum Beispiel werden „atypische" Männer als „zu weich" in der Kommunikation beschrieben (Viewing Bias), und Männer werden im Vergleich zu Frauen schlechter bewertet, wenn sie keine Verhaltensweisen zeigen, die zwanghaft mit Engagement im Job in Verbindung gebracht werden, beispielsweise Überstunden, häufige Dienstreisen etc. (Valuing Bias).[99] Emanzipation und Vielfalt sind keine exklusiven Frauenthemen, sondern es geht für uns alle um überkommene, die Arbeits- und Lebensqualität einschränkende Geschlechterbilder und die darauf beruhenden Wahrnehmungsverzerrungen.

Die Frauenquoten im Management und in den Aufsichtsräten entwickeln sich schleichend zumindest in die richtige Richtung, waren aber 2023 wieder etwas rückläufig. Ein Anstieg des Frauenanteils in einem Führungsteam um 10 % korreliert mit einer Erhöhung der Punktzahl um 2,1 Punkte bei den Indikatoren für die Gewinnung und Bindung von Talenten und bei den Arbeitsbedingungen, so die McKinsey Studie zur Diversität, und die Albright Stiftung spricht vom sogenannten Thomas-Kreislauf, wenn sie beschreibt, dass die Vorstände der an der Frankfurter Börse notierten Unternehmen extrem homogen sind. „Erst im September 2019 gab es in den Vorständen erstmals mehr Frauen als Vorstandsmitglieder, die Thomas oder Michael heißen."[100] Der jüngste Bericht zeigt einen Fortschritt, aber das Ganze entwickelt sich doch weiterhin äußerst zäh. „Die gute Dynamik bei der Erhöhung des Frauenanteils in den Vorständen der 160 in DAX, MDAX und SDAX notierten Unternehmen hält an: 37 % der zwischen September 2022 und September 2023 neubesetzten Vorstandspositionen gingen an Frauen. Erstmals gibt es nun weniger Unternehmen mit rein männlich besetzten Vorständen (66) als Unternehmen mit Frauen im Vorstand (94). Allerdings haben 71 der Unternehmen nur eine einzige Frau im Vorstand, und mit 17,4 % ist der Frauenanteil in den Vorständen weiterhin sehr gering."

Inwieweit wird sich das jetzt wieder ändern, wenn die starken Männer mit der „harten Hand" gesucht werden und vielfältiges Engagement – davon ist aufgrund unserer Erfahrungen auszugehen – zurückgefahren wird? Frauen reagieren nämlich in Krisen häufig anders. In Bezug auf die Klimakrise bedeutet das beispielsweise, dass eine Erhöhung des Frauenanteils in den Führungsteams um 10 % zu einem Anstieg von fast sechs Punkten bei der Bewertung der Klimastrategie und um mehr als drei Punkte im Bereich gesellschaftliches Engagement und Philanthropie führt.[101] Wir befürchten, dass diese Themen wahrscheinlich zu den ersten Streichkandidaten gehören werden.

Bereits über 5.000 Unternehmen und Institutionen mit über 14,7 Millionen Beschäftigten haben die Charta der Vielfalt unterzeichnet, um die Chancen der Vielfalt zu nutzen. Ist Ihr Unternehmen auch dabei?

Andersbegabte und Neurodivergenz

Schätzungen zufolge gehört etwa 1 % der Weltbevölkerung dem Autismus-Spektrum an. 4,7 % der erwachsenen Deutschen haben eine ADHS-Diagnose[102], 2,3 % der Bevölkerung sind hochbegabt[103], und viele wissen davon nichts. Hochsensibilität betrifft ca. 15 Mio. Deutsche, und zwischen 30 bis 40 % sind als introvertiert einzuschätzen. Neurologen von der Harvard-Universität stellten in einer Langzeitstudie mit 500 Babys fest, dass gerade die sensibelsten Kinder später introvertiert wurden. Aus den Kleinstkindern, die kaum auf äußere Reize reagierten, wurden später hingegen extrovertierte Erwachsene. Des Rätsels Lösung: Letztere suchen Stimulation (andere Menschen, laute Musik, Licht, Mannschaftssport, Drogen), während die sensiblen Introvertierten schon genug mit all den Reizen zu tun haben, die sie täglich wahrnehmen. Nicht zufällig sind viele Introvertierte auch hochsensibel.[104] Neurodiversität bedeutet neurologische Vielfalt. Der Begriff wurde in den 1990er-Jahren von der Autistin Judy Singer erstmalig verwendet.[105] Im Konzept der Neurodiversität werden seitens der Syracuse University (New York) unter anderem Personen mit Autismus, ADHS, Dyskalkulie, Legasthenie, Dyspraxie, Synästhesie, bipolarer Störung und Hochbegabung zu den neurodivergenten Menschen gezählt.

> *Ich schaffe das Pensum, das andere an drei Tagen schaffen, an einem. Wenn ich das sage, hassen mich alle. Also halte ich meine Klappe und mache einfach etwas ganz anderes, damit ich nicht auffalle.*
>
> *– Hochbegabter Software-Programmierer*

Um Einstellungsverfahren fairer zu gestalten und eine Arbeitsumgebung zu schaffen, die Menschen mit Autismus einschließt, hat SAP als deutscher Vorreiter 2013 das „Autism at Work"-Programm ins Leben gerufen, an dem Stand jetzt 215 Mitarbeitende teilnehmen.[106] Trotz überdurchschnittlicher Bildungserfolge im Vergleich zur allgemeinen Bevölkerung ist ein großer Teil der autistischen Menschen in Deutschland nicht auf dem allgemeinen Arbeitsmarkt beschäftigt.

Hochbegabte werden häufig bereits in Bewerbungsverfahren aussortiert, weil sie vielen Menschen als zu anstrengend erscheinen und oftmals Schwierigkeiten damit haben, sich unterzuordnen, wenn sie etwas als fachlich oder inhaltlich nicht richtig ansehen. Wir könnten diese Aufzählung jetzt für alle unterschiedlichen neurodivergenten Varianten fortsetzen, denn die Arbeitswelt steht, was dieses Thema betrifft, noch am Anfang eines langen Weges. Für die Unternehmen bedeutet dies vorerst, dass allein schon die (gar nicht mal so selten auftretenden) sehr hohen Begabungen völlig ungenutzte Potenziale bleiben, vor allem, weil geschätzt lediglich 5 % der neurodivergenten Mitarbeitenden in Unternehmen beschließen, sich zu outen. Sollten Sie als Unternehmerin bzw. Unternehmer Menschen mit hoher intrinsischer Motivation suchen: Jenseits der Norm werden Sie viele davon finden – ein großes Potenzial.

Die Vergessenen

Mehr Diversität bedeutet zumeist: weiblicher, internationaler, altersheterogener. Eine Gruppe kommt dabei aber immer noch selten vor: Arbeitskräfte mit Behinderung. Beim Stichwort „divers" sehen die meisten von uns ein Team mit Menschen unterschiedlicher Hautfarbe und verschiedenen Geschlechts vor sich. Dass auch Menschen mit Behinderung dazugehören und gleichberechtigt vertreten sein sollten, vergessen wir regelmäßig – erst recht im Kontext des Arbeitsmarkts – obwohl die Generalversammlung bereits am 13. Dezember 2006 das „Übereinkommen der Vereinten Nationen über die Rechte von Menschen mit Behinderungen" sowie das dazugehörige Zusatzprotokoll angenommen hat (UN-Behindertenrechtskonvention, UN-BRK).

> *Wer Inklusion will, findet einen Weg. Wer sie nicht will, findet Ausreden.*
>
> *– Raúl Aguayo-Krauthausen, Aktivist für Inklusion und Barrierefreiheit, Bestseller-Autor*

In Deutschland ist die UN-BRK seit 2009 in Kraft. Wenn man die Seite des BMAS besucht, gibt es allerhand Informationen, Aktionspläne und Handlungsleitfäden, allerdings wenig Konkretes, auch nicht vonseiten der Unternehmen. Das Institut der Deutschen Wirtschaft ermittelte 2021 die Potenziale von Inklusion für den Arbeitsmarkt. Demzufolge liegt die Erwerbstätigenquote von Menschen mit Beeinträchtigungen immer noch um gut 20 Prozentpunkte unter dem Durchschnitt der Bevölkerung. Die Studie zeigt, dass sich ein Viertel bis rund die Hälfte der nicht erwerbstätigen Betroffenen – je nach Grad der Behinderung oder Minderung der Erwerbsfähigkeit – vorstellen könnte, künftig (wieder) eine Erwerbstätigkeit aufzunehmen.[107]

In Zeiten des vielbeschworenen Fachkräftemangels sind auch hier wichtige Potenziale für die Wirtschaft zu finden, zumal Arbeitslose mit einer Schwerbehinderung laut Bundesagentur für Arbeit tendenziell besser qualifiziert sind als andere Arbeitslose: Im Jahresdurchschnitt 2020 hatten 56 % der Arbeitslosen mit einer Schwerbehinderung einen Berufs- oder Hochschulabschluss

– bei denen ohne eine Schwerbehinderung waren es nur 46 %. Der Weg scheint auch hier ein sehr langer zu sein. Aber falls Sie händeringend Fachkräfte suchen … hier sind sie.

Flagge rauf, Flagge runter, Flagge rauf … Diversität als Schönwetter-Ausflug

Es ist wieder LGBT-Pride-Monat, und die wie Regenbogen leuchtenden Flaggen werden gehisst. Alles ist schön bunt, und einige Wochen lang hat man das Gefühl, dass die schöne Leichtigkeit der gelebten Vielfalt wirklich existiert. Wie es in den anderen elf Monaten aussieht, haben wir beschrieben – und doch, so hoffen wir, den großen zwischenmenschlichen und unternehmerischen Gewinn belegt, der mit diversen Teams erwirtschaftet werden kann.

Doch was geschieht während einer Krise, zumal einer so multipel herausfordernden? In Krisen halten wir intuitiv nach Menschen Ausschau, die uns ähnlich und deren Methoden uns vertraut sind. Im aktuellen Fall bedeutet das: Männer mit „harter Hand“ suchen andere Männer mit „harter Hand“, weil sie deren Haltung für situationsangemessen und daher am geeignetsten halten. Diversität ade. Daher ist es unerlässlich, sich mit diesen unbewussten Wahrnehmungsverzerrungen in der Management-Etage auseinanderzusetzen, und zwar nicht aus Menschenliebe, sondern zum wirtschaftlichen Wohle des Unternehmens.

Wir können anhand der vorgenannten Ausführungen festhalten: Die wirtschaftlichen Potenziale von Diversität sind immens hoch, und das wissen wir schon länger. Hat Deutschland also eher ein Umsetzungsproblem, weil seine Unternehmen nach wie vor sehr an Normen orientiert agieren?

FLEXIBILISIERUNG: TRADIERTE ROLLEN VS. VEREINBARKEIT

Jetzt kommt noch so ein geliebtes Thema, werden Sie denken. Flexibilisierung und Vereinbarkeit von Arbeit. Ach ja. Im Kontext des sich immer weiter verschärfenden Fachkräftemangels hat man mal wieder die Frauen als Human Ressource entdeckt. Und die Flexibilisierung der Arbeitszeit? Begonnen hat sie mit der (zumeist leisen) weiblichen Ansage „Sorry, ich muss mein Kind aus der Kita abholen …". Mittlerweile hat sie sich zur vorsichtig formulierten Anspruchshaltung gemausert. Für den Everywhere Work Report 2024[108] wurden 7.700 Mitarbeitende, davon 1.200 aus Deutschland, über ihre bevorzugten Arbeitszeitmodelle befragt. Insbesondere Deutsche priorisieren Flexibilität bei der Gestaltung ihrer Arbeitszeiten (87 %). Sie wollen beispielsweise früh mit der Arbeit beginnen und schon nachmittags aufhören, Stichwort „7-15-Uhr-Modell". Knapp die Hälfte würde den Job wechseln, um flexibler arbeiten zu können, und Homeoffice-Möglichkeiten wünschen sich rund 70 % der Befragten. Tatsächlich arbeiten in Deutschland bereits mehr Menschen zu 50 oder sogar 75 % remote als überall sonst in der Welt. Als sehr unattraktiv gilt mittlerweile die Vollzeit-Anwesenheit im Büro. Zwei Drittel sortieren bei Bewerbungen Angebote mit einer 100-prozentigen Office-Pflicht sofort aus. Ebenso zieht die Hälfte der befragten Deutschen keinen Job in Betracht, der feste wöchentliche Arbeitszeiten erfordert.

Frauen zeigen dabei eine signifikant höhere Affinität zu flexiblen Arbeitsmodellen als ihre männlichen Kollegen, und nicht traditionelle Arbeitszeitmodelle finden bei Frauen mit 65 % weltweit besonderen Anklang. Gemeint sind damit Konzepte, die Freiheiten in der Ausgestaltung der Arbeit bieten wie beispielsweise längere Pausenzeiten oder Arbeiten in den Abendstunden. Dieser Wunsch trifft natürlich nicht immer auf Gegenliebe bei den Arbeitgebern, aber 45 % der Frauen würden ihren Job wechseln, um mehr Flexibilität zu gewinnen. Aber sie lackieren sich in dieser Zeit natürlich nicht die Fingernägel. Gemäß dem gemessenen Gender Care Gap 2022 leisten Frauen nämlich ganze 44,3 % mehr unbezahlte Arbeit als Männer.[109] Sie kommen daher in der Summe wieder auf eine Vollzeitstelle mit Überstunden, werden aber so mager entlohnt wie bei einer Teilzeitbeschäftigung. Aktuell arbeiten 49,9 % der Frauen in Teilzeit[110] und 13,3 % der Männer[111], und die Wirtschaft würde gern viele dieser Teilzeitstellen in Vollzeitstellen umwandeln. Eine Studie des Deutschen Instituts für Wirtschaftsforschung (DIW) ergab, dass zumindest 14 % der beschäftigten Frauen gern etwa vier Stunden pro Woche mehr arbeiten würden.

Aber nicht nur das Betreuungsproblem der fehlenden Kita-Plätze steht dem im Weg. Wir sollten uns auch die Frage stellen, ob es wirklich zielführend ist, Kinder zum Wohle der deutschen Wirtschaft den ganzen Tag fremdbetreuen zu lassen. Diese Frage mag provokativ klingen, aber führen wir uns doch noch einmal den Arbeitsalltag vor Augen, wie wir ihn weiter oben beschrieben haben.

Allein durch fokussiertes Arbeiten fünf Tage pro Monat pro Mitarbeitenden zu gewinnen böte das Potenzial, mittels dieser Veränderung der Arbeitsweise die Vier-Tage-Woche einzuführen – und dennoch produktiver zu sein. Geht nicht? Der Unternehmer Lasse Rheingans hat mit seinem Team im Herbst 2017 eine 25-Stunden-Arbeitswoche bei vollem Gehalt eingeführt. In seinem Buch „Die 5-Stunden-Revolution“ beschreibt er, wie er und sein Team die Arbeit so verändert haben, dass die Produktivität trotz Arbeitszeitverkürzung gestiegen ist.[112]

Mein Eindruck ist, vom Volumen schaffen wir das Gleiche wie bei acht Stunden, aber das, was wir schaffen, ist besser!"

–Lasse Rheingans, Unternehmer und Berater

Das ist übrigens ein Phänomen, das seit Jahrzehnten bei in Teilzeit arbeitenden Müttern zu beobachten ist, die häufig in der ihnen zur Verfügung stehenden kürzeren Zeit ähnlich produktiv sind wie die in Vollzeit arbeitenden Kollegen. „Ich hatte mir bereits in den letzten beiden Jahren in meiner alten IT-Agentur das Recht herausgenommen, zwei Nachmittage frei zu machen. So hatte ich Zeit für meine Familie und die Kinder. Dabei ist mir aufgefallen, dass ich mein Pensum trotzdem schaffe, und das hat mich zum Denken gebracht. Gleichzeitig war ich deutlich entspannter, und neben der Zeit für meine Familie blieb noch Zeit, mich fortzubilden oder zum Bücher lesen", beschreibt Lasse Rheingans das Initial seines Arbeitsmodells in einem Interview. Entscheidend ist nicht der Aspekt – zumindest nicht in erster Linie – dass eine größere Entspannung eintrat. Das ist mittelbar hilfreich für Unternehmen, weil es das Leistungspotenzial steigert. Unternehmerisch relevant jedoch ist, dass bei gleichbleibender Produktivität bessere Ergebnisse erzielt werden.

Gleiches können wir bei den mittlerweile 16 Unternehmen beobachten, die sich aufgemacht haben, eine Focused Company zu werden: deutlich höhere Effizienz und Effektivität gleichermaßen. Stress und Erschöpfung sinken (eine Stunde konzentriertes Arbeiten senkt bereits den Cortisolspiegel), die Produktivität steigt, Innovation und Kreativität nehmen auch zu (dank des gesenkten Stressniveaus) und die Zahl der Überstunden nimmt ab. Das erste Unternehmen wird nun über fokussiertes Arbeiten die Vier-Tage-Woche gegenfinanzieren. Das betrifft übrigens nicht nur kleine Mittelständler. Auch Konzerne können Focused Companys werden – dem steht nichts im Wege, und die Effekte wären auch dort messbar.

Damit sind wir wieder bei der Win-win-Situation für Unternehmen wie Mitarbeitende: Die Produktivität steigt und zugleich das Selbstwirksamkeitserleben. Der Stress der Menschen sinkt, und das Unternehmen kann niedrigere stressbedingte Ausfallkosten verbuchen. Weiter unten werden wir uns noch genauer mit weiteren positiven Effekten befassen. Und last but not least: Dänemark rangiert mittlerweile auf dem 3. Platz des IMD-Rankings (zur Erinnerung: Deutschland steht auf Platz 24), und das bei einer tariflich festgelegten 37-Stunden-Woche. Viel-hilft-viel ist Vergangenheit in einer sich immer weiter verdichtenden, komplexen und volatilen Welt!

Fassen wir zusammen: Flexibilisierung ist keine Wellness-Maßnahme, sondern ein relevanter Wirtschaftsfaktor, der sich unmittelbar und mittelbar positiv auf die Wirtschaftsleistung eines Unternehmens auswirkt. Wenn jetzt im Rahmen der Restrukturierung und der Rückkehrpflicht ins Büro wieder Flexibilisierungen als angebliches „Wellness-Management“ gestrichen werden, schadet das den Unternehmen.

UMGANG MIT UNGEWISSHEIT: EFFIZIENZ VS. MULTIRESILIENZ

Die nächste Ökonomie zielt auf Resilienz statt Effizienz.

– Trendstudie Zukunftsinstitut

Wir haben an vielen Stellen die unmittelbaren und mittelbaren wirtschaftlichen Nachteile klassischer Restrukturierungen beschrieben. Natürlich zweifeln wir nicht daran, dass aufgrund der veränderten Umfeldbedingungen in vielen Unternehmen Kosten eingespart werden müssen. Das steht außer Frage. Wir möchten jedoch zeigen, dass dies nicht auf Kosten der Zukunftsfähigkeit der Unternehmen geschehen darf, und alternative Wege vorschlagen, wie die Produktivität gesteigert werden kann und Kosten gesenkt werden können. Denn was früher gut funktioniert hat (mehr oder weniger), bietet noch lange keine belastbare Basis, kein Erfahrungswissen für das aktuelle völlig veränderte Umfeld. Vor allem dürfen Unternehmen nicht einfach darauf hoffen, dass sich über die Streichung von Stellen und Initiativen und sich wieder verändernde Umfeldbedingungen alles irgendwie einrenkt. „Die Strukturveränderungen sind tiefgreifend und vor allem langfristig", sagt Restrukturierungsexperte Andres Rüter im Interview. „Die Unternehmen müssen jetzt handeln."

Auswirkungen von Personalabbau auf affektives Commitment und Resilienz

Tausende Stellen werden aktuell gestrichen – trotz Fachkräftemangels. Auch für diejenigen, die nicht vom Stellenabbau betroffen sind, ist daher die psychische Belastung sehr hoch.[113] Diese sogenannten Survivors sind in den Jahren, als die Restrukturierung noch überall auf der Tagesordnung stand, stark in den Mittelpunkt gerückt. Studien konnten belegen, dass der Stress und die Arbeitsverdichtung für die im Unternehmen verbleibenden Mitarbeitenden derart hoch sind, dass ihre Produktivität deutlich sinkt. In der Folge werden die ursprünglich angesetzten Restrukturierungsziele kaum erreicht, da die Kosteneinsparziele durch stressbedingte negative Effekte und die dadurch sinkende Produktivität überlagert werden und sich insbesondere die Verwaltungsbereiche vieler Unternehmen als sehr restrukturierungsresistent erweisen.

Viele Programme starten als Tiger und enden als Bettvorleger.

– Nicolas Franzwa, Experte für Restrukturierungen

Die Studienlage bestätigt auch, dass – neben diesen stress- und arbeitsverdichtenden Effekten – Personalabbau zu einem verringerten organisationalen Commitment führt.[114] Dieses Commitment unterteilt sich in affektives, normatives und kalkulatorische Commitment. Beim affektiven Commitment fühlt sich eine Person emotional an das Unternehmen gebunden, beim normativen ist sie durch eine moralische Verpflichtung gebunden („Ich kann mein Team nicht allein lassen!") und das kalkulatorische definiert sich, verkürzt dargestellt, über eine Art Alternativlosigkeit zur aktuellen Position. Wir erinnern uns: Laut Gallup-Studie sinkt die Anzahl emotional gebundener Mitarbeiter kontinuierlich, denn ein verringertes Vertrauen ins Management, ein reduziertes Fairness-Erleben und letztendlich auch eine längerfristig verminderte Leistungsbereitschaft und Leistung sind die Folge von harten Restrukturierungen. Es kommt zu einer Aufkündigung des psychologischen Kontraktes, der impliziten Übereinkunft zwischen Unternehmen und Arbeitnehmenden. Das affektive Commitment, das auch durch die Akzeptanz der Ziele und Werte des Unternehmens und den Glauben daran charakterisiert ist, wird stark beeinträchtigt, und auch der Wille, für das Unternehmen Anstrengungen auf sich zu nehmen und das Bedürfnis, weiterhin ein Mitglied des Unternehmens zu bleiben, gehen zurück.

Auf Grundlage dieser Messungen kommt die Forschung zu dem Ergebnis, dass hier der Grund dafür zu finden ist, dass die mit dem Personalabbau angezielten ökonomischen Gewinne und organisationalen Ziele sehr oft nicht erreicht werden.[115]

Wenn jetzt also Restrukturierung und Personalabbau über „klassisches" Vorgehen betrieben werden (Top-down, intransparent, druckvoll etc.), wird die organisationale Resilienz leiden, sodass weitere negative Effekte vorprogrammiert sind.

Wie sieht ein transformationaler Umgang mit Krisen aus, die nicht prognostiziert werden können – oder noch nicht einmal vorhersehbar sind?

Eine zentrale Voraussetzung dafür ist die konsequente Verabschiedung vom linearen Denken, damit ein Verständnis von der Entwicklungsdynamik komplexer Systeme entstehen kann. Wir haben ja bereits darauf hingewiesen, dass soziale Systeme auf Selbsterhalt ausgerichtet sind und sie daher auch träger reagieren als ihre Umwelt. Dass wir also eine – wie es der Technologe Azhar beschreibt – exponentielle Lücke zwischen rapider technologischer Entwicklung auf der einen und alten Institutionen, Werkzeugen und Denkmustern auf der anderen Seite haben, ist nicht verwunderlich, geschweige denn tragisch.

Die Frage, die sich aktuell stellt, ist vielmehr: Wie gehen wir damit um? Getrieben vom enormen Tempo der Digitalisierung entsteht ein entsprechend hoher und dynamischer Entscheidungs- und Gestaltungsdruck, und gleichzeitig stecken viele deutsche Unternehmen mitten in der Krise. Der Anspruch, den Wandel zu gestalten, tritt vor diesem Hintergrund ebenso zurück wie die Frage, wie sich eine Organisation künftig gegen Unvorhergesehenes wappnen und ihre Krisenfähigkeit stärken kann. Mit der Entscheidung für eine klassische Restrukturierung im Hinblick auf die erhoffte Effizienz wird genau diese jedoch zum Transformationshemmer. Darüber hinaus wird – da Effizienz der Klassiker des linearen Denkens ist – auch hier nicht der Weg in Richtung Resilienz eingeschlagen, die nur über ein Verständnis von Komplexität zu erreichen ist.

Schauen wir uns den Begriff der Resilienz und den veränderten Diskurs darüber genauer an. Seit den 1970er-Jahren wurde ein statisch-stabilitätsorientiertes Verständnis von Resilienz etabliert, das Resilienz vor allem als Sicherheit und Funktionsfähigkeit definiert. In der Materialkunde bezeichnet der Begriff „Resilienz" Stoffe, die auch nach extremer Spannung wieder in ihren Ursprungszustand zurückkehren. Es geht um das Zurückschwingen in den ursprünglichen Zustand (bounce back). Aus dieser Perspektive zeigen sich die restrukturierenden Unternehmen gerade resilient, weil sie in der Krise mit Cost cutting etc. reagieren, um den ursprünglichen Wettbewerbszustand wiederherzustellen. Das im Kontext von Polykrisen und Dynamisierung der Umwelt neu entwickelte Verständnis von Resilienz – Resilienz 2.0 könnte man es nennen – ist jedoch durch eine evolutionär-innovationsorientierte Perspektive geprägt: Resilienz 2.0 als eine *dynamische* Risikoanpassung (bounce forward). Die evolutionäre Anpassung macht das System, also die Organisation, auch unter fortgesetzten dynamischen Herausforderungen leistungsfähiger.

Resilienz 2.0 ist nicht zu verwechseln mit dem alten Paradigma der kontinuierlichen Veränderung, deren gebetsmühlenartiger Wiederholung man kaum entkommen konnte. So sehr wie es in den vergangenen Jahren schon falsch war, die zumeist dringlich vorgetragene Veränderungsnotwenigkeit überzubetonen und die Stabilität zu vergessen, die Systeme eben auch brauchen, umso fataler ist es im Kontext von Krisen. Stabilität in Form einer Robustheit, auch in Form von geltenden Normen (Ja, ein bisschen Bürokratie sollte bleiben, denn Routinen sind wichtig!) ist unerlässlich für die Entwicklung von Adaptivität. Unter Umständen erinnern Sie sich noch an den Ansatz der organisationalen Ambidextrie, der Fähigkeit von Organisationen, gleichzeitig effizient und flexibel zu sein. Der Begriff wurde bereits 1976 vom amerikanischen Organisationsdesigner Robert B. Duncan erstmalig erwähnt und von Wissenschaftlern wie Michael Tushman, Charles A. O'Reilly und Julian Birkinshaw geprägt. Der Kerngedanke war, durch den Aufbau sogenannter paralleler Strukturen von klassischen hierarchisch aufgebauten Organisationen eine Netzwerkstruktur zu etablieren, in der bereichsübergreifend Ideen entwickelt und umgesetzt werden können. Mit anderen Worten: Alles bleibt, wie es ist, aber es gibt etwas zusätzlich Neues, wo ganz verrückte Dinge entwickelt werden.

Das ist mit Resilienz 2.0 ausdrücklich nicht gemeint, denn es würde suggerieren, dass z.B. der hierarchische Aufbau der Organisation bleiben könnte und etwas in diesen Rahmen „implementiert" würde. Und wenn es ganz hart käme, müssten alle am „resilienten Mindset" arbeiten. Es geht vielmehr um eine Verbindung aus organisationaler Stabilität (Verlässlichkeit, Sicherheit, Strukturklarheit, Rollenklarheit) und Anpassungsfähigkeit (agile Strategiearbeit, Wertschöpfungsnähe, Fokussierung und einiges mehr). Der Prozess, in dem gezielt ermittelt werden kann, wo Stabilität erzeugt wird, ist im Übrigen auch kein per se statischer, sondern ein kontingenter.

Resilienz 2.0 ist auch nicht mehr wie der Vorläuferbegriff als rein reaktives Paradigma zu verstehen, sondern als aktiv gestaltender Prozess zur Erhöhung der systemischen Anpassungskompetenz und zum aktiven Aufbau von Ungewissheits- und Unsicherheitskompetenz. Gleichzeitig wird aktiv für Stabilität gesorgt und in Routinen überführt. Mehr dazu weiter unten.

Was bedeutet dann Industrie 5.0?

2021 veröffentlichte die Europäische Kommission das Konzept „Industrie 5.0"[116] als strategische Neuausrichtung des vormaligen Kurses. So wie es aktuell auf europäischer Ebene aussieht, wird es auch vom neuen Parlament fortgeführt, daher lohnt sich ein Blick darauf.

Industrie 5.0 lässt die techno-ökonomisch definierte Leitidee des Ansatzes Industrie 4.0 hinter sich, indem gesellschaftlich-nachhaltige Aspekte eingeführt werden, wie sie 2016 auch in den UN Sustainable Development Goals formuliert wurden. Industrie 5.0 ist keine Weiterentwicklung von Industrie 4.0 und auch nicht angetreten, um diese zu ersetzen. Wie die Europäische Kommission erklärt, hat die vierte industrielle Revolution den Schwerpunkt auf die Digitalisierung der Prozesse und die Nutzung von Künstlicher Intelligenz gelegt, um Produktivität und Effizienz zu erhöhen, und hat dabei die Rolle der am Produktionsprozess beteiligten Mitarbeiterinnen und Mitarbeiter und/oder den Übergang zu nachhaltigeren Entwicklungsmodellen sträflich vernachlässigt. Das soll 5.0 nun korrigieren.

> *Towards a sustainable, human-centric and resilient European industry.*
>
> *– Leitgedanke des „Industrie 5.0"-Konzepts*

Die Ziele des Konzepts, deren Umsetzung künftig auch bei der Verteilung europäischer Finanzmittel berücksichtigt werden sollen, klingen durchaus ambitioniert: „Unter dem Begriff der nachhaltigen Industrie werden Ressourcenverbrauch, Lebenszyklus- und End-of-Life-Betrachtungen von Produktionsanlagen genannt, und es werden Entwicklungen bis hin zur Kreislaufwirtschaft skizziert, auch im Hinblick auf die Versorgungssicherheit mit Rohmaterialien und Ersatzteilen. In der Industrie 5.0 soll Technologie dem Menschen dienen und sich diesem anpassen – nicht umgekehrt. Es geht um die Wahrung von Autonomie, Menschenwürde, Privatsphäre sowie körperlicher und geistiger

Unversehrtheit der in der Industrie beschäftigen Menschen. Die Unterstützung des ‚Operators' durch technische Hilfsmittel in Industriebetrieben ist ein Beispiel dafür. Durch diese Hilfsmittel verlieren körperliche Voraussetzungen und geschlechtsbedingte Unterschiede an Bedeutung, das Arbeiten wird ergonomischer und erlaubt mehr Inklusion von Menschen mit körperlichen Einschränkungen."

Die „Resiliente Industrie" ist ein Herzstück von 5.0 und beschreibt die Fähigkeit zum gelingenden und flexiblen Umgang mit Veränderung, insbesondere in Stress- und Krisensituationen. Die Anforderungen an organisationale, aber auch an individuelle Resilienz werden im Kontext der Polykrisen überdeutlich. Gesucht wird mit der Industrie 5.0 – und das deckt sich mit dem Begriff der Resilienz –, die Spannungstoleranz, die der Resilienzbegriff der Materialkunde umschreibt, gepaart mit einer lernenden Dynamik, sodass die Organisation in Krisen und Herausforderungen spannungstolerant agiert und nach der Krise klüger ist als zuvor (bounce forward).

> *Die technologische Entwicklung ist die Antwort auf alles. Was war noch mal die Frage?*
>
> *– Anders Indset, Autor und Berater*

Das Konzept Industrie 5.0 kann als „resiliente Quelle für den europäischen Wohlstand" jedoch nur erfolgreich sein, wenn die tiefgreifenden Transformationen nicht mehr über den reflexhaften Verweis auf technologische Möglichkeiten, auf Shareholder-Value-Vorgaben oder auf Effizienzparadigmen verhindert wird. Und wenn sich beim Lesen der Gedanke „Ja, Ambidextrie, Resilienz, Agilität – alles bekannt" einschleicht, dann formulieren wir es etwas klarer: Elastizität und Multiresilienz sind nicht mehr nur Fragen der Innovationsfähigkeit (das konnte man in den vergangenen Jahren noch gelassen aussitzen, wenn man stabil laufende Geschäftsmodelle vorzuweisen hatte). Jetzt sind es Überlebensfaktoren für Unternehmen, die im Ungewissen wirtschaften müssen.

Um zum Ausgangspunkt zurückzukommen: Wie müssen Restrukturierung und Personalabbau gestaltet werden, wenn sie sich nicht durch die in Kapitel 2 genannten Maßnahmen vermeiden lassen, damit man das affektive Commitment nicht schädigt und die Organisation trotz Krise Resilienz aufbauen kann? Jedenfalls nicht, Sie ahnen es schon, mit der harten Hand. Dazu später mehr.

CHANGE-MANIE VS. WIRKSAME TRANSFORMATION

> *Veränderungen scheitern aus vielen Gründen. Aber sie scheitern immer, wenn sie lediglich von oben verordnet und nicht aus der Mitte der Organisation getragen werden.*
>
> *– Sebastian Matthes, Chefredakteur Handelsblatt*

Change or die – das Dringlichkeitsprimat

Bestimmt haben Sie als Kind beigebracht bekommen, dass man nur „Feuer!“ rufen darf, wenn es wirklich brennt. Diese Weisheit wurde im Change Management leider nicht immer berücksichtigt. Der sogenannte Sense of urgency, also eine hohe Dringlichkeit, entwickelt von John Kotter, Professor in Harvard, ist Teil seines Leading-Change-Modells und einer der dort benannten acht Faktoren. Unzweifelhaft war es ein großes Verdienst von Kotter, das damals erste und bis heute wohl bekannteste Change-Management-Modell entwickelt zu haben. Allerdings führte das in vielen Unternehmen dazu, dass ständig laut „Es brennt!“ gerufen wurde, gepaart mit der Drohung „Und wenn wir nicht, dann …“ Und dann kam immer irgendeine Untergangsfantasie. Kein Wunder, hatte Kotter doch ausdrücklich darauf hingewiesen, dass man die Trägheit und Selbstgefälligkeit der Menschen zu überwinden hätte. Also wurde laut gerufen, während mit sogenannten Gap-Analysen von externen Beratungen herumgewedelt wurde, die kaum ein gutes Haar am jeweiligen Unternehmen ließen. Das wiederum verwundert nicht, denn je größer das Problem wirkte, umso umfänglicher und lukrativer wurde auch der Beratungsauftrag.

Die Erfolgsbilanz ist ernüchternd – gelinde gesagt. Nur 12 bis 24 % aller Veränderungsprozesse (egal welcher Art) gelingen, und diese Quote ist seit mindestens 15 Jahren stabil. Die Methode „Es brennt!“ hat offensichtlich nicht gut funktioniert. Sie entspricht auch einer erschreckend mechanistischen und linearen Vorstellung von Menschen und sozialen Systemen. Ich drücke auf den Schalter („Es brennt!“) und das Licht geht an („Veränderung folgt!“). So funktioniert das nicht. Denn soziale Systeme, wir erwähnten es bereits, sind auf Selbsterhalt und Restabilisierung ausgelegt. Daher reagieren sie auf kognitive Logik nicht in einem linear-kausalen Wirkungsverhältnis. Top-down war seit jeher ein Wunschdenken.

Wenn wir aus sozial-dynamischer Perspektive auf Veränderung schauen, dann wird schnell klar, dass eine rein auf Dringlichkeit aufbauende Transformation vor allem auch Ängste auslöst. Kein Wunder: Wenn prognostiziert wird, dass alles noch viel schlimmer kommt, ist die Wahrscheinlichkeit einer besonnenen, strukturierten und wohlüberlegten Veränderungsreaktion eher gering. Vielmehr werden Fight-or-flight-Reaktionen provoziert, die zu unwillkürlichen Verhaltensweisen führen, und zwar solchen, aus denen heraus die Veränderung abgelehnt wird.

Genannt wird das dann meistens „Widerstand, der seitens der Führungskräfte gebrochen werden muss". Diese Ablehnung des Neuen, die weder aus der Dringlichkeits- noch der inhaltlichen Perspektive logisch erscheint, ist aus psychodynamischer Sicht absolut nachvollziehbar, wenn die Kommunikation innerhalb der Organisation dermaßen katastrophisierend gestaltet wird. Eine Dynamik, die wir auch ganz aktuell bei anderen Krisenreaktionen beobachten können, wie zum Beispiel dem Klimawandel.

Aber warum ...

Kahneman und Tversky beschrieben schon 1979 den Begriff der Verlustaversion als Teil der Prospect Theory. Erstmals wurde deutlich, was den rationalen Homo oeconomicus von uns beeinflussbaren (irrationalen) Menschen unterscheidet: Menschen entscheiden häufig irrational. Die durch Studien belegte Verlustaversion verdeutlicht zudem, dass Individuen Verluste höher gewichten als Gewinne. Gerade in Anbetracht des Klimawandels scheinen Verluste wie der Verzicht auf Konsum oder ein Aufgeben des derzeitigen Lebensstandards schwerwiegender als mögliche Gewinne in der Zukunft. Dieses Verhalten ist für die Bewältigung der Klimakrise mehr als problematisch.

Die aktuellen klimapolitischen Bemühungen werden zusätzlich limitiert durch die Einordnung des globalen Klimasystems als kollektives öffentliches Gut. Ein öffentliches Gut zeichnet sich dadurch aus, dass niemand vom Konsum ausgeschlossen werden kann und keine Rivalität besteht. Aus spieltheoretischer Sicht führt dies zu einem Trittbrettfahrerverhalten der einzelnen Akteure: Ein Trittbrettfahrer kann von einem Gut profitieren, ohne persönlich die entsprechende Gegenleistung zu erbringen. Der individuelle Nutzen wird maximiert, wenn dem Einzelnen keine Kosten oder Einbußen entstehen. Daher entscheiden sich die Akteure selten freiwillig für eine Konsumreduktion, und es kommt langfristig zu keiner gesamtgesellschaftlichen Verbesserung der Situation. Gleiches passiert, wenn es Top-down-Ansagen à la „Wir müssen Kosten einsparen!" gibt. Hier kann man sogar manchmal beobachten, dass Bereiche sich noch für teure Fortbildungen anmelden oder über andere Wege versuchen, noch ein Stück vom schwindenden Kuchen zu ergattern.

> *Wir erinnern an den Bericht des Club of Rome über „Die Grenzen des Wachstums" aus dem Jahr 1972 (!). Was wir seither erleben, sind Konjunkturen des (kollektiven) Verdrängens dieser Fragen. Mal mehr, mal weniger.*

Vielleicht sitzen auch Sie manchmal fassungslos vor den Nachrichten und fragen sich: „Aber warum machen die denn nicht...? Wir wissen doch, dass ..." Ein unschönes Gefühl der Hilflosigkeit macht sich breit, wenn man merkt, dass für einen selbst logische Gedanken, eventuell sogar wissenschaftlich gestützte Argumente, bei dem oder den Anderen nicht greifen. Daran ändert auch die Wiederholung nichts. Wie der Soziologe Armin Nassehi in seinem ernüchternden, aber lesenswerten Buch „Kritik der großen Geste" es ausdrückt: „Genau deswegen kann man sich auch daran gewöhnen, permanent damit beschallt zu werden, dass alles anders wird und nichts so bleibt wie es ist."[117] Eine fatale Gewöhnung an den Ruf „Es brennt!", der inzwischen nicht mehr dazu führt, dass jemand kommt – einfach, weil es zuvor nicht gebrannt hat und sich alle an das laute Rufen gewöhnt haben.

In den vergangenen knapp 30 Jahren seit Erscheinen von Leading Change 1996 wird also in den Organisationen „Es brennt!" gerufen, und die Beteiligten haben sich daran genauso gewöhnt wie an die regelmäßig schlechten Ergebnisse dieser Prozesse.

Sie erinnern sich? Unser Gehirn schaut in den Rückspiegel und prüft, wie es denn so die letzten Male war, und dann kommt es innerhalb von Millisekunden zu einer unwillkürlichen Hin-zu- oder Weg-von-Reaktion. Und aufgrund der meist schlechten Erfahrungen bei Change-Management-Prozessen eben eher zu letzterer.

Auch wir versuchen mit diesem Buch „Es brennt!" zu rufen; insofern widersprechen wir in gewisser Weise unseren eigenen Worten. Aber wir wollen dabei weniger auf die Schwächen der deutschen Wirtschaft fokussieren, sondern vielmehr ihre Ressourcen in den Blick nehmen. Sagen wir es so: Wir versuchen, Sie für einen Perspektivwechsel zu gewinnen.

Change Management, der mechanistische Ansatz für Veränderung, ein Prozess mit einem Anfang und einem Ende, samt KPIs und Ampel-Sheets, hat in jedem Fall ausgedient. Der Nachfolger heißt Transformation. Gregory Bateson hat einmal den sehr richtigen und wichtigen Spruch geprägt: „Ein Unterschied, der einen Unterschied macht." Das bedeutet nichts anderes, als dass unser Gehirn auf seine Erfahrungen zurückzugreifen sucht, wenn wir einen Transformationsimpuls erhalten – aber keinen vergleichbaren Vorgang findet. Oder noch deutlicher: dass die Umbenennung und die veränderte Gestaltung von Transformation sich so sehr von den bislang erlebten Change-Prozessen unterscheiden, dass unser Gehirn es als echten Unterschied erlebt und nicht negativ vorgeprägt ist. Schaut man sich die letzten Statistiken zu den Erfolgs- und Misserfolgsquoten von Transformationsprozessen an, müssen wir uns allerdings eingestehen: Mission erneut gescheitert. Immer noch werden Veränderungsprozesse mechanistisch geplant, in Ampel-Sheets gemonitort und linear gemessen. Und immer noch verlaufen sie meistens einfach im Sande.

Glaubwürdigkeit des Top-Managements

> *Zentrale Steuerung ist eine Fantasie und Selbstberuhigung, um sich nicht mit Komplexität auseinandersetzen zu müssen.*

Wie schädlich in diesem Zusammenhang die sogenannte Bullshit-Kommunikation im Berufsalltag sein kann, hat Alexander Elia mithilfe eines Fragebogens zum Irritationsniveau gemessen, der unter anderem erfassen sollte, wie gereizt oder nervös eine Person im Gespräch agiert, wenn sie ständig mit irreführenden Aussagen und Buzzwording konfrontiert wird; eine solche Irritation interpretieren Forschende übrigens bereits als Vorstufe eines Burnouts.

Um das Arbeitsengagement der Befragten genau zu messen, verwendete Elia einen weiteren Fragebogen, dessen Ergebnisse Folgendes zeigten: Auch dieses Engagement sinkt, wenn Worthülsen einen großen Teil des Berufsalltages bestimmen. Dabei sollten doch Arbeitsengagement, Motivation und Leistungsbereitschaft im Interesse von Führungskräften liegen.

> *Wenn alles im „Round-up" des „Board-Meetings" als „High-Level-Approach" eingestuft wird, dann heißt das vermutlich: Alles im Vorstand Besprochene ist sehr wichtig.*

Die Steuerung von Veränderung durch das Topmanagement war in den vergangenen Jahren von zwei Dingen geprägt: den großen Prozesstiteln und ausladenden Gesten („Fit for Future" oder „Leistung leben" o. ä.) und von distanzierten CEOs. Deren Titel im Change Prozess lauteten dann häufig „Stakeholder des Wandels" oder „Promoter des Wandels" oder schlicht „Lenkungsausschussvorsitzender" – was von der Mannschaft schnell als Synonym für „Ihr sollt euch verändern und ich schaue zwischendurch vorbei, weil man mir sagte, dass das irgendwie wichtig ist!" begriffen wurde. Die Anwesenheit des CEO und seine Kommunikation sollte „Betroffene zu Beteiligten machen". Das mag überspitzt klingen, trifft es aber im Kern.

Wenn wir den Unterschied anhand eines aktuellen Beispiels skizzieren wollen, dann eignen sich am ehesten BASF und seine CEOs: Es geht um Markus Kamieth (53), seit April 2024 CEO beim größten Chemiekonzern der Welt, und seinen Vorgänger Martin Brudermüller (63). Während dieser zur Struktur- und Energiewende mit Aussagen wie „Das könnte die deutsche Volkswirtschaft in ihre schwerste Krise seit Ende des Zweiten Weltkriegs bringen und unseren Wohlstand zerstören!" auffiel, gab Kamieth Persönliches preis. Er sei der Sohn eines Bergarbeiters aus dem Ruhrgebiet und habe „Respekt vor ehrlicher Arbeit". „Ich weiß, was Strukturwandel mit Familien und Regionen machen kann." Das Signal ist klar: Er ist einer von ihnen, Teil der 112.000 und nicht nur Leader, er besitzt den „Kampfeswillen", so sagt er, eine Industrielandschaft in Deutschland zu erhalten, und das in der Verantwortung für 112.000 Beschäftigte, knapp 70 Mrd. Euro Umsatz – und einen ganzen Haufen ungelöster Probleme.[118] Denn von der grünen Transformation, die in einem energieintensiven Unternehmen eine große Herausforderung ist, bis zum neuen Werk in China bei sich abzeichnenden geopolitischen Herausforderungen rund um Taiwan ist BASF ein kompliziertes und sehr bürokratisches Konzernkonstrukt. Das Stammwerk Ludwigshafen macht Verluste, Milliarden müssen eingespart werden, Arbeitsplätze werden für immer verloren gehen. Mit klassischer Restrukturierung und ohne strukturelle *Future Transformation* wird das schwer. Die Tatsache, dass er der Belegschaft gegenüber aussagt, Strukturwandel zu kennen, lässt hoffen, dass es hier kein *Hoffen auf bessere Bedingungen* und darauf abgestimmtes Cost cutting gibt.

Vielerorts haben sich Topmanager mittels Delegation des Veränderungsprozesses an externe Berater, das untere Management und die Führungsebenen weiterhin ihren Aufgaben gewidmet – quasi vom Change unbeeinträchtigt. Wir erleben immer wieder eine Abkopplung zwischen dem oberen Management und der „Arbeitsebene“, die dazu führt, dass die auf der Arbeitsebene eingetretene Veränderungs-Erschöpfung, wie sie vom Soziologen Steffen Mau sogar für die Gesellschaft attestiert wurde, vom Management nicht (mehr) wahrgenommen oder sogar ignoriert wird.

> *Was wir den Daten aus der Organisationsdiagnostik entnehmen können, ist, dass die erlebte Realität und daraus resultierende Einschätzung des Top-Managements deutlich sowohl von der auf den unteren Führungsebenen als auch von der Mitarbeiterrealität abweicht.*
>
> *– Dr. Katharina Roos, Expertin für Organisationsdiagnostik*

Insofern wundert es nicht, dass diese gemessene unterschiedliche Realität dazu führt, dass der vermehrte Veränderungs- und Umstrukturierungsdruck auf Managementebene ungefiltert in die Organisation durchgereicht wird, ohne sich mit den Erfolgswahrscheinlichkeiten für die angestrebten Veränderungen kritisch auseinanderzusetzen und – das wäre noch entscheidender – aus der Veränderungshistorie zu lernen. Auch Werte bleiben dabei auf der Strecke. Mutaree stellte in ihrer TED-Untersuchung die Frage, was eigentlich in den Organisationen und was mit den Menschen passiert in der Pluralität der Change-Prozesse und dem daraus resultierenden Druck. „52 % vermissen im Change Fairness, 72 % mangelt es in diesen Extremsituationen insbesondere an Wertschätzung. Nur 53 % der Befragten sagen, dass in ihrer Organisation die Grundsätze von Ethik und Moral in einer Change-Situation Gültigkeit behalten“, so die Untersuchungsergebnisse.

Wirksame Transformation braucht aber andere Parameter, um sich von bisherigen Prozessen so maßgeblich zu unterscheiden, dass die ausgesendeten Veränderungsreize nicht zu einer (unwillkürlichen) Weg-von-Bewegung führen. Mehr dazu später.

SKALENEFFEKT VS. REGENERATIVE WIRTSCHAFT

> *Die Entwicklung einer resilienten Wirtschaft muss bei der Frage ansetzen, wie sich der Kapitalismus in Richtung Postwachstum transformieren lässt.*
>
> *– Zukunftsinstitut 2021*

Der Sozialpsychologe Harald Welzer erklärt den Begriff der Nachhaltigkeit für veraltet und spricht vielmehr von einem „Wirtschaften in der Zeit" mit den zur Verfügung stehenden Ressourcen. Ausbeutende Prozesse und das Mantra des ewigen Wachstums entsprechen dem schon lange nicht mehr. Nachhaltigkeit würde bedeuten: Wir tun das Gleiche und emittieren nur weniger. Wirtschaften in der Zeit ist hingegen ein Musterwechsel, der auf einer Anerkennung der wissenschaftlichen Fakten basiert und auf kreativem Unternehmertum, das mittels Innovationen ein nicht ausbeutendes Wirtschaften ermöglicht. Prof. Dr. André Reichel spricht in diesem Zusammenhang vom Eintritt in die Ära des regenerativen Kapitalismus.[119] Die aus seiner Sicht daraus resultierende Ökonomie ist geprägt von der Überzeugung, dass wirtschaftliche Vitalität ein Produkt menschlicher und gesellschaftlicher Vitalität ist – die wiederum in gesunden Ökosystemen und der integrativen Entwicklung menschlicher Fähigkeiten und Potenziale wurzelt.[120]

Die Themen Post-Wachstum, Gemeinwohl-Ökonomie und Postindustrielles Zeitalter sind so umfänglich, dass wir hier nur einige Grundsätze ansprechen wollen, die aus unserer Sicht untrennbar mit der *Future Transformation* verbunden sind.

Was kommt nach dem Purpose-Unsinn?

Der Arbeitswissenschaftler Hans Rusinek thematisiert in seinem Buch Work Survive Balance die Herausforderung, dass wir die Zukunft der Arbeit nicht mehr ohne die Zukunft unseres Planeten denken können. „Wir haben ein System maximal ausgereizt und alle anderen Systeme ignoriert. In einer Kleinkindlogik haben wir geglaubt, dass all das nicht existiert, wenn wir nur unsere Augen davor verschließen. Nun blinzeln wir und sind verschreckt." Er plädiert für eine integrierte Betrachtung und skizziert Lösungsansätze, die veranschaulichen, wie das gelingen kann.

Unternehmen haben einen Zweck, aber keinen Purpose. Auch das war so ein Berater-Missverständnis. Sinngebung heißt es deswegen, weil Sinn nur gegeben werden kann, und zwar von Menschen. Seit aber New Work auch in der globalen Wirtschaft immer bekannter wurde, kam es in vielen Unternehmen zu einer Purpose-Inflation, insbesondere im Kontext von Mitarbeiterbindung und Mitarbeiterzufriedenheit. Die Aufgabe der Unternehmensleitung ist es, ein leistungsförderliches und idealerweise inspirierendes Umfeld zu schaffen – aber motivieren können sich Menschen nur selbst. Ergo: Führungskräfte können niemanden zufrieden machen, wie wir bereits dargelegt haben, und Unternehmen können keinen Sinn verschreiben. Laut dem Psychologen Viktor Frankl, der sich als Häftling in einem Konzentrationslager intensiv mit dem Thema Sinn auseinandergesetzt und auf dieser Grundlage eine Therapieform entwickelt hat, stellt – vereinfacht ausgedrückt – das Leben oder die Situation Fragen an eine Person. Und existenzieller Sinn entsteht dann, wenn diese

Person vor dem Hintergrund der aktuellen Situation die beste Möglichkeit findet, mit dem Leben umzugehen.

Seit 20 Jahren misst das Forschungsinstitut Gallup die emotionale Bindung von Mitarbeitenden an ihre Arbeitgeber in Deutschland, und es fühlten sich während dieses langen Zeitraums nie mehr als 17 % der Mitarbeiterinnen und Mitarbeiter emotional an ihr Unternehmen gebunden. Der eine Prozentpunkt, der jüngst hinzukam, wird auf die Bemühungen der Arbeitgeber während der Corona-Pandemie zurückgeführt. All die roten Sofas, die Purpose- und Werte-Initiativen, die Tischkicker und bunten Tapeten haben diese Werte nicht nach oben treiben können.

> *Organisationen sollten nicht versuchen, die Sinnbezüge der Individuen zu beeinflussen, sondern durch eine inspirierende Führungs- und Organisationskultur Rahmenbedingungen für die individuelle Reflexion und Sinngestaltung schaffen. Die eigentliche Sinngestaltung erledigen die Mitarbeitenden selbst.*[121]

Anstelle eines Unternehmens-Purpose sprechen wir von integrem Wirtschaften. Schaut man sich die vielen ablehnenden Reaktionen aus der deutschen Wirtschaft auf das Lieferkettengesetz an, liegt der Verdacht nahe, dass unter dem Deckmantel der Bürokratiekritik am Gesetz doch eigentlich nur die unerwünschte Transparenz verhindert werden soll. Ein integer wirtschaftendes Unternehmen braucht diese Transparenz nicht zu fürchten. Ein integres Handeln ist zwar vor allem ein Thema der Management-Etagen, da hier geschäftspolitische Entscheidungen getroffen werden. Integrität sollte aber auch ein nach innen gelebter Grundsatz sein, wenn das Unternehmen insgesamt integer agieren möchte. Wie wird mit Betriebsmitteln umgegangen? Welche Lösungen werden für einen alternativen Umgang mit Ressourcen gefunden? Welche Ziele setzen sich einzelne Teams, um die

Gesamtziele des Unternehmens im Thema Nachhaltigkeit und Ressourcenschonung zu erreichen? Integrität wird auch in der Gemeinwohlökonomie als Bilanz gemessen. 20 Themenfelder messen die betriebliche Nachhaltigkeitswirkung, und die Ergebnisse geben Aufschluss darüber, wie diese weiterentwickelt werden kann. Eine erste große Studie bescheinigte der Gemeinwohl-Bilanz einen „Postwachstumseffekt" und damit das Potenzial, zur Transformation in Richtung einer ressourcenleichteren Gesellschaft beizutragen.[122]

Erfolgreich mit regenerativer Wirtschaft

Das statistische Bundesamt hat die Zahlen für 2022 vorgelegt: Deutsche Unternehmen verdienen mit Umwelt- und Klimaschutz ca. 107 Mrd. Euro. Ein Zuwachs von 16,9 % gegenüber dem Vorjahr![123]

Auch die Zahl der Beschäftigten, die Waren und Leistungen für diesen Bereich herstellten und erbrachten, kletterte 2022 um 35.000 auf 376.000. Davon entfielen fast zwei Drittel auf das Verarbeitende Gewerbe, ein Fünftel auf den Bau und gut 13 % auf Dienstleister. Die höchsten Umsätze wurden 2022 mit 61,7 Mrd. Euro wie in den Vorjahren im Bereich Klimaschutz erwirtschaftet, dabei hauptsächlich im Bereich Energieeffizienz und zum Einsparen von Energie sowie Maßnahmen zur Nutzung erneuerbarer Energien wie bei der Wärmedämmung von Gebäuden. Nehmen wir zur Illustration eines neuen Wirtschaftens nur zwei der vielen Beispiele für ein neues Verständnis von Wachstum:

VAUDE steht für ein verantwortungsvolles Wachstum und entkoppelt mehr und mehr das eigene Wachstum vom Ressourcenverbrauch. So heißt es im CSR-Bericht: „Investitionen fließen bei uns in die Qualität und Kreislauffähigkeit unserer Produkte sowie in ressourcenschonende und zirkuläre Geschäftsmodelle."[124] Das Unternehmen hat sich die absolute Entkopplung (sinkender Ressourcenverbrauch bei steigendem Umsatz) des Wachstums vom Ressourcenverbrauch und die Stärkung der Kreislaufwirtschaft zum Ziel genommen und konnte in 2023 bei 37 % Emissionsreduzierung seit 2019 ein Umsatzwachstum von plus 32 % im gleichen Vierjahres-Zeitraum verzeichnen.

Der Öko-Säfte-Hersteller Voelkel konnte im Multi-Krisenjahr 2023 ein 12 %-Wachstum verzeichnen und erwirtschaftet mit „gesunden Lebensmitteln aus gesunden Strukturen" gemeinwohlorientiert mittlerweile 118 Mio. Euro Umsatz. Zur Stärkung der Transformation in eine sozial-ökologische Marktwirtschaft hat das BMWK gemeinsam mit dem Bundesministerium für Bildung und Forschung sowie allen weiteren Ressorts eine Nationale Strategie entwickelt, deren Umsetzung bereits gestartet ist. In dieser Strategie spielen Gemeinwohlorientierte Unternehmen eine Schlüsselrolle.

> *Die Gemeinwohlorientierung hat in den vergangenen Jahren einen höheren Stellenwert in der Unternehmenslandschaft erhalten.*
>
> *– Klaus-Heiner Röhl, Institut der deutschen Wirtschaft (IW) Köln*

Bislang bilanzieren im deutschsprachigen Raum ca. 250 Betriebe nach Gemeinwohl-Richtlinien, in Europa sind es ca. 1.100 Unternehmen. Insgesamt gibt es 590 deutsche, 631 österreichische, 67 Schweizer und 70 Südtiroler Unternehmen, die sich als Unterstützer der Gemeinwohl-Bilanz registriert haben.[125] Sie alle eint, dass für ihre Firmen eine positive gesellschaftliche Wirkung vor dem maximal möglichen monetären Gewinn steht. Allein bei den Start-ups zählen sich, laut dem jüngsten Monitor des deutschen Startup-Verbands, 40 % zu dieser Unternehmensform.[126]

Deutschland blickt in zweierlei Hinsicht auf eine lange und erfolgreiche Tradition zurück: Seit dem 19. Jahrhundert sind soziale Innovationen wie die heutige Krankenversicherung, die Freie Wohlfahrtspflege oder auch Genossenschaften und gemeinwohlorientierte Unternehmen entstanden. Parallel dazu gibt es viele technische Erfolge unserer Zeit, die soziale Errungenschaften ermöglicht und die in Deutschland ihren Ursprung haben. Beide Potenziale sind Grundbausteine für die Gestaltung des Umbruchs der deutschen Wirtschaft.

> *Wir haben eine engagierte Zivilgesellschaft und zahlreiche philanthropische Stiftungen, die dazu beitragen, dass wir soziale sowie wirtschaftliche Ziele vereinen. Gleichzeitig sehe ich eine intensive Vernetzung für eine starke europäische Bewegung für nachhaltige Innovation – eine große Chance! Gemeinsam gestalten wir ein wirtschaftlich starkes, nachhaltiges Deutschland. Das ist nicht nur meine persönliche Überzeugung, sondern auch das Narrativ, welches unser Land jetzt braucht.*
>
> *– Zarah Bruhn, socialbee-Gründerin*

Letztendlich ist das „Wirtschaften in der Zeit", wie Harald Welzer es nennt, ein Resilienzfaktor für die Unternehmen selbst. Unzweifelhaft auch herausfordernd, vor allem, wenn man auf dem Weltmarkt mit Wettbewerbern konkurrieren muss, die sich nicht an nachhaltige Standards halten und sich ausschließlich über Skaleneffekte auf Kosten der Umwelt behaupten.

Dem am Gemeinwohl orientierten Wachstum und den damit einhergehenden Zukunftstechnologien gehört jedoch die Zukunft. Und hier kann die deutsche Wirtschaft lokal und weltweit an erfolgreiche Zeiten anknüpfen, wenn sie den transformationalen Turbo einlegt. Und der Paradigmenwechsel lautet: Vom Skaleneffekt zur regenerativen Wirtschaft!

Men wanted: For ***hazardous journey***. Small wages, bitter cold, long months of complete darkness, ***constant danger***, safe return doubtful. ***Honour*** and recognition in case of ***success***.

– Die Stellenanzeige,

mit der Ernest Shackleton 1914 eine Mannschaft für seine Arktis-Expedition suchte

3. ORGANISATIONALE RESILIENZ IN DYNAMISCHEN ZEITEN

Unternehmen in Polykrisen und einem VUCA-Umfeld erfolgreich durch den Strukturwandel zu führen ist unzweifelhaft eine große Herausforderung und eine umfassende Gestaltungsaufgabe mit ungewissem Ausgang. Und da ist die Versuchung natürlich groß, bewährte Methoden anzuwenden, die zumindest bislang erfolgreich waren. Wir haben jedoch in den vorherigen Kapiteln dargelegt, warum die klassische Restrukturierung mit „harter Hand" nicht der richtige Weg ist, um erfolgreich den *Aufbruch* im Umbruch zu gestalten.

Nun schauen wir nach vorn auf die *Future Transformation,* die auf die Zukunft ausgerichtete qualitative Transformation, bei der wir in den folgenden Kapiteln zumindest immer anklingen lassen, in welche Richtung es gehen soll. Eine Anmerkung vorweg: Eine resiliente Organisation benötigt selbstverständlich wirksame Krisen-Dashboards mit Markt-, Wettbewerbs-, geopolitischen und finanzbezogenen Daten inklusive der Abbildung szenarischer Auswirkungen und wechselseitiger Abhängigkeiten – jenseits der Finanzstrategie und des klassischen Controllings. Das wird hier nicht weiter thematisiert, sondern vorausgesetzt. Und im Folgenden skizzieren wir nun, was wir konkret meinen mit der *Future Transformation.*

Handlungsfelder für organisationale Resilienz

Organisationale Resilienz ist nicht die neue Sau, die durchs Dorf getrieben werden soll, sondern eine sinnvolle Antwort auf die Frage, was Unternehmen brauchen, um Kompetenzen zur dynamischen Bewältigung von Krisen aufzubauen.

Wir fokussieren daher auch in diesem Kapitel konsequent weiter auf die Frage der **organisationsbezogenen** Handlungsfelder (und lassen mögliche Fragen zur Weiterentwicklung von resilienten Geschäftsmodellen aus) sowie auf die Frage, *wie* über die Arbeit in und mit diesen Handlungsfeldern organisationale Resilienz hergestellt werden kann. Weil Modelle jedoch in komplexen Umgebungen immer benachteiligt sind, da sie eine Linearität vorgaukeln, die es nicht gibt, nennen wir das Ganze „Framework", damit deutlich wird, dass es immer kontext- und anwenderbezogen genutzt werden muss. Die Handlungsfelder lauten:

- Adaptive Ziel- und Strategieentwicklung,
- dynamisches Organisationsdesign,
- Fokussierung,
- Empowerment-orientierte Führung,
- neue (Lern-)Kompetenzen und
- systemische Transformationskompetenz.

In a nutshell: Eine resiliente Organisation agiert unternehmerisch regenerativ und systemisch, ist vernetzt und kooperationsoffen sowie wertschöpfungsfokussiert dezentral organisiert und etabliert gleichzeitig wirksame Routinen und Stabilität, denkt und formuliert ihre Ziele und Strategie szenarisch, fokussiert sich aufs Wesentliche und hat ihre Arbeitssteuerung an das digitale Zeitalter angepasst. Sie führt Empowerment-orientiert auf Basis einer ausgeprägten psychologischen Sicherheit, stellt (systemisches) Lernen und Entwicklung in den Vordergrund und verfügt über systemische Transformationskompetenz.

ADAPTIVE ZIEL- UND STRATEGIEENTWICKLUNG

> *Das erste Prinzip der Risikokompetenz lautet: Vergiss die Illusion der Gewissheit.*
>
> *– Gerd Gigerenzer, Psychologe, Autor, Direktor em. Max-Planck-Institut für Bildungsforschung*

Dass Mittel- und Langfristplanungen äußerst heikle Gebilde sind, ist schon fast ein alter Hut, und der Übergang in die agile Strategieentwicklung wurde schon in vielen Unternehmen durchlaufen und z. B. über OKRs oder andere Methoden ins Operative übersetzt. In kurzen Zyklen werden Ziele und Strategie überprüft und anlassbezogen angepasst. Aber wie geht Strategieentwicklung in Polykrisen und einer Ungewissheit, die auch künftig das Umfeld prägen wird?

Effectuation – Unternehmertum in Ungewissheit

> *Wer Amerika entdecken will, muss mitunter erst einmal Richtung Indien lossegeln.*
>
> *– Michael Faschingbauer, Berater und Autor*

Ungewissheit ist für „echte" Unternehmer und Unternehmerinnen eigentlich nichts Neues. Wenn man in die Vergangenheit schaut, konnten sie ihre Innovationen auch früher schon in neuen Märkten erfolgreich implementieren. Dasselbe gilt für die Fähigkeit, mit widersprüchlichen Signalen umgehen zu können. Die lange Tradition erfolgreicher mittelständischer Unternehmen, oft familiengeführt, hat diese Kompetenz bereits oft bewiesen und ist dieser Einschätzung auch im Krisenjahr 2023 wieder gerecht geworden. Die Stärke der Familienunternehmen ist ihre meist überdurchschnittliche Kapitalisierung und ihre Konstanz in den Eigentümerstrukturen – und das stabil über die Konjunkturzyklen hinweg. Um durchschnittlich 6 % oder kumuliert 100 Mrd. Euro Umsatz sind die 100 größten Familienunternehmen im vergangenen Jahr gewachsen, wie eine Analyse der Anwaltskanzlei Binz & Partner ergab. Das sind fünf Prozentpunkte mehr als der Durchschnitt der Dax-Unternehmen.[127] Im Forschungszweig der Entrepreneur-Forschung wird seit den 1960er-Jahren versucht, das Phänomen unternehmerischen Denkens, Entscheidens und Handelns zu beschreiben. Was macht einen Unternehmer oder eine Unternehmerin besonders? Und was unterscheidet sie von Managern?

Saras Sarasvathy, Professorin an der Darden School of Business, untersuchte im Rahmen ihrer Promotion mittels eines Gedankenexperimentes mit 30 sehr erfahrenen Unternehmern deren Denken, Entscheiden und Handeln unter der Perspektive der darin liegenden Expertise. Die erste Analyse der Denkprotokolle ergab Erstaunliches: Die erfahrenen Unternehmer lehnten – entgegen dem vorherrschenden Management-Trend – Marktforschung zum überwiegenden Teil ab.

> *Wenn ich die Menschen gefragt hätte, was sie wollen, hätten sie gesagt: schnellere Pferde.*
>
> *– Henry Ford, Unternehmer*

In einem zweiten Schritt fand Sarasvathy eine Reihe von Prinzipien, die die erfahrenen Unternehmer anstelle von Prognosen und Planung anwandten; aus diesen vier Prinzipien leitete sie die Logik unternehmerischen Handelns ab und nannte sie „Effectuation" (engl. = etwas bewirken). Sie definierte den Kern unternehmerischer Expertise als Handlung unter Verzicht auf Vorhersagen bei gleichzeitigem inhaltlichen Bewirken. Um den Effectuation-Ansatz noch etwas tiefergehend zu erläutern, vergleichen wir hier nun unternehmerische Expertise und zielorientierte Management-Logik miteinander.[128]

Der klassische Management-Ansatz entspringt einer kausalen Logik. Bewährte Konzepte, so z. B. der Branchenvorausblick von Hamel und Prahalad, die Stärken-Schwächen-Analyse, die Portfoliomethode oder marktorientierte Konzepte (wie etwa das Porter-Modell, die Konkurrenzanalyse oder verschiedene andere Instrumente zur Auseinandersetzung mit Kundenbedürfnissen) ermöglichen eine differenzierte Auseinandersetzung mit der relevanten Umwelt eines Unternehmens. Dementsprechend durchläuft jedes (innovative) Verfahren die jeweils passenden Konzeptansätze. Die Ergebnisse führen (oder auch nicht) zu einem vorhersehbaren erwarteten Ertrag, der dann als Zielstellung in der Planung verabschiedet wird. Im Rahmen der hohen Zielorientierung werden alle verfügbaren Mittel auf das Erreichen dieser neuen Zielstellung ausgerichtet. Unter Risikomanagementperspektive werden denkbare Abweichungen möglichst eliminiert und alle verfügbaren materiellen und immateriellen Mittel auf die Zielerreichung allokiert. So entsteht eine gewünschte Fokussierung, und sowohl Ablenkungen als auch Chancen und Risiken in der Peripherie werden ausgeblendet, da das festgesetzte Ziel um jeden Preis erreicht werden muss. Unterlegt wird das Ganze dann meistens noch mit Individualboni für das (Top-)Management.

Die „sicheren" Annahmen basieren dabei auf dem Durchlaufen der oben genannten Management-Tools. Das funktioniert aber nur so lange, wie es eine aus früheren Erfahrungen abgeleitete Vorhersehbarkeit gibt. In Zeiten zunehmender Unvorhersehbarkeit reichen diese Management-Tools nicht mehr aus.

Effectuation ist daher diametral zu diesem Vorgehen aufgebaut und stellt die Mittelorientierung in den Vordergrund. Aus den *verfügbaren Mitteln* wird nun abgeleitet, welche Ergebnisse mit ihnen erzielt werden können. Diese Mittel lauten: „Wer jemand ist", „Was jemand weiß" und „Wen jemand kennt". Die Ziele und

Möglichkeiten verändern sich dementsprechend abhängig von den verfügbaren Mitteln, die also die Determinanten für die wählbaren Ziele darstellen. Dabei können die unter Ermittlung der zur Verfügung stehenden Mittel entwickelten Zielstellungen durchaus zueinander in Widerspruch stehen – zumindest bis zu dem Zeitpunkt, an dem sich klare Inhaltspunkte ergeben, die zu einer sich verdichtenden Entscheidung führen. Michael Faschingbauer, der den Ansatz in Deutschland in Unternehmen implementiert, betont, dass Mittelorientierung weder ziellos, wahllos, beliebig, vage noch aktionistisch ist. Vielmehr hat eine Mittelorientierung klare Strukturen und Merkmale und ist aus seiner Sicht die für „Reisen ins Ungewisse" wesentlich rationalere Haltung als die Fixierung auf ein einziges Ziel.[129]

Es ist wie ins Dunkle zu fahren, nur ohne Licht am Ende des Tunnels.
– Ein CEO im Rahmen einer CEO-Studie zur steigenden Komplexität

Noch ein weiterer Aspekt der Effectuation-Logik ist unter Risikomanagementperspektive von größter Wichtigkeit: Es ist das *Prinzip des leistbaren Verlustes.* Dieses Prinzip lässt sich idealerweise auch wieder in der Unterschiedsbildung zum klassischen Managementansatz verdeutlichen: Die oben genannten Management-Tools prognostizieren zu erwartende Erträge. Bevor gehandelt wird, ermittelt man, wie hoch der zu erwartende Nutzen ist. Und nur, wenn dieser Nutzen groß genug ist, werden alle verfügbaren Ressourcen darauf ausgerichtet, dieses Ziel zu erreichen. Auf dem Weg zur Zielerreichung werden alle störenden Einflüsse idealerweise abgeschirmt und eliminiert. Selbst Innovationsprozesse werden in vielen Konzernen nach dieser Logik aufgebaut.

Das *Prinzip des leistbaren Verlustes* geht eben nicht von einer über Managementmethodik ermittelten Ertragsprognose aus, sondern orientiert sich an dem subjektiv leistbaren Einsatz von Mitteln. Riskiert wird also nur, was man auch zu verlieren bereit ist. Wie hoch dieser Einsatz sein kann, hängt unmittelbar von der Person oder Gruppe ab, die ihn leistet, und diese kalkuliert ihr maximales Verlustpotenzial. Darüber hinaus werden dem eintretenden Zufall „Chancen eingeräumt“. So gehört die regelmäßige Reflexion von Zufällen im Hinblick auf die in ihnen liegenden Chancen und Möglichkeiten zur Methodik. Im Gegenzug dazu finden sich in kausaler, zielorientierter Logik erprobte Mechanismen zum Ausschluss von Abweichungen und „Zufällen“ wieder. Eines der wohl prominentesten Beispiele ist die Geschichte der Post-its, dieser bunten Klebezettel, die gar nicht mehr aus den Büros und Privathaushalten wegzudenken sind.

Dr. Spencer Silvester, ein Wissenschaftler bei 3M, sollte einen Klebstoff mit sehr hoher Klebekraft entwickeln. Das war das festgelegte Ziel. Das Ergebnis seiner Experimente: ein löslicher Klebstoff, der klebte, sich aber immer wieder vom Untergrund lösen ließ. Seine Überzeugung, dass ihm etwas Großes gelungen sei, teilte zu seinem Bedauern niemand bei 3M, und seine Arbeit galt als gescheitert. Aber er ließ nicht locker. Ein Kollege, Wissenschaftler wie er, war es schließlich, der die Sache ins Rollen brachte. Verärgert darüber, dass die in die Gesangsbücher hineingelegten Zettel zum Kennzeichnen relevanter Stellen nach dem sonntäglichen Gebrauch mit ermüdender Regelmäßigkeit aus den Büchern rutschten, erinnerte er sich an die Erfindung seines Kollegen. Der Rest ist Erfolgsgeschichte.

In einer Reihe von Studien wurde nachgewiesen, dass erfahrene Manager eher intuitiv nach zielorientierter Management-Logik handeln, während erfahrene Unternehmer nach den Grundsätzen des Effectuation-Ansatzes vorgehen.

In einer resilienten Organisation – egal wie groß – braucht es künftig eine duale Steuerung aus Effectuation, also unternehmerischer Steuerung, und dem durch Dezentralisierung auf Strategiearbeit fokussierten Management, welches eben nicht mehr operativ steuert. Kausales Denken kann künftig nur noch bei sehr hoher Planbarkeit, einer verlässlichen Prognose und Klarheit über die Zielstellung und einem Eingebettetsein in eine stabile Umwelt eingesetzt werden. Das wird aber in Zukunft nicht mehr der Regel-, sondern der Ausnahmefall sein. Schlechte Vorhersehbarkeit, verhandelbare Ziele und eine gestaltbare Umwelt brauchen eine Herangehensweise, die dem Umstand Rechnung trägt, dass das Ziel vom Morgen nachmittags schon wieder obsolet sein kann.

Risiko oder Gefahr?

> *Pläne suggerieren in komplexen Kontexten eine Sicherheit, die in Wahrheit allerdings nicht besteht. Doch je mehr Pläne das Management macht, desto mehr verlässt es sich auf sie und beruhigt es sich durch sie.*
>
> *– Klaus Eidenschink, Organisationsberater*

Für ein gelingendes Zukunftsmanagement braucht es laut dem Organisationsberater Klaus Eidenschink Haltungen und Sichtweisen, die neben dem aktiven Angehen der Zukunft (= Risikostrategie) auch ein eher passives, aber beobachtendes Abwarten (= Gefahrenstrategie) zulassen. Also ein aktives Unterscheiden zwischen Gefahr und Risiko, wobei Erstere dadurch gekennzeichnet ist, dass „es passiert oder passieren könnte", und das Zweite, dass es „aktiv eingegangen" wird – wobei noch zwischen unmittelbarer Gefahr, z. B. einem Brand im Werk, und grundsätzlicher Gefahr zu unterscheiden wäre, die einträte, wenn man sie nicht verhinderte.[130]

Nehmen wir die Demografie als Beispiel für den zweiten Fall. Demografie war eine früh erkannte Gefahr für Unternehmen, denn die Prognosen für den jetzt eingetretenen Fachkräftemangel sind alt. Diese *Gefahr* wäre durch aktives Tun, z. B. wirksames Gesundheitsmanagement, Lebensarbeitszeitkonten, gezielte Übernahme von Auszubildenden, Programme für die Silver Ager, interne Aus- und Weiterbildung etc. vermeidbar gewesen (und wäre es jetzt noch – siehe dazu die Ausführungen zu den Potenzialen von Diversität und Flexibilisierung). Abwarten war jedoch die Option, die viele Unternehmen wählten. Sie haben sich also die Handlung für den tatsächlichen Eintritt der Gefahr vorbehalten, weil sie möglicherweise davon ausgingen, dass sich die Probleme anders lösen lassen würden wie z. B. über eine Digitalisierungsstrategie, die in Zukunft weniger Personal nötig machen und daher die demografiebedingten Austritte kompensieren würde.

Die Unternehmen hätten jedoch auch bewusst ins *Risiko* gehen können, hätten also handeln und gleichzeitig auf Organisational slack setzen können, also die Produktion von personellem Überhang oder die Investition in Programme, die sich im Nachhinein als überflüssig hätten herausstellen können (z. B. Gesundheitsmanagement). In letzteren Fall wäre das Risiko tatsächlich eingetreten. Wären die Arbeitsplätze aber künftig noch benötigt worden, hätte man durch dieses Ins-Risiko-Gehen die Gefahr beseitigt. In einer wenig prognostizierbaren Zukunft wird es also eine der wichtigsten Kompetenzen sein, Gefahren zu antizipieren, Risiken szenarisch zu bewerten und von Risiken, die man bewusst eingehen kann, zu unterscheiden. Das hat auch Auswirkungen auf das Entscheidungsverhalten im Management. Der Management-Vordenker Roger Martin stellt sich gegen die inflationär verbreitete These, dass das Gelingen der Zukunft von schnellen Entscheidungen abhängen würde. Er hält dies für eine bislang nicht bewiesene leere Behauptung und kritisiert, dass sich Manager heutzutage eher „viel beschäftigt halten" statt sich Zeit fürs Nachdenken zu nehmen – nach wie vor eine wesentliche Grundlage guter Entscheidungen.[131]

> *Gefahrenkompetente Organisationen kultivieren den bewussten, wertschätzenden Umgang mit Ausnahmen, Prozessabweichungen, Kritik und Andersdenkenden und halten dafür Reserven vor.*
>
> *– Klaus Eidenschink, Organisationsberater*

Martins Empfehlung für CEOs, Management und Führungskräfte lautet vielmehr: Manager müssen unterscheiden zwischen denjenigen Beschlüssen, die Zeit zum Nachdenken benötigen, und denen, die situativ getroffen werden können bzw. müssen. Und für Erstere müsse man sich als Manager eben Zeit nehmen. Das sei eine der Kernaufgaben von Management, so Martin.

Bestätigt wird diese Aussage – zumindest indirekt – durch die wissenschaftlichen Arbeiten von Hartmut Rosa, Soziologe an der Universität Jena, der sich mit der lähmenden Wirkung von immer schnelleren Veränderungen der Umwelt auf Organisationen auseinandergesetzt hat. Wo die Notwendigkeit zu schnellem Handeln wachse, die zunehmende Menge an Daten aber längere Handlungs- und Reaktionszeiten verlange, sinke der „Rationalitätsstandard", so Rosa. Das führe zwangsläufig zu einer steigenden Anzahl von Fehlentscheidungen – oder aber zum Aussitzen von Entscheidungen.[132]

Fazit: Unterscheiden Sie bei der Bewertung Ihrer Möglichkeiten zwischen Risiko und Gefahr und zwischen schnell zu treffenden und gut zu überdenkenden Entscheidungen. Auch Abwarten kann in einem aktionistischen Umfeld eine Maßnahme sein, um für künftige Entwicklungen offen zu bleiben.

Kooperationsfähigkeit herstellen

Nicht: Netzwerke lösen Konzerne ab. Sondern: Konzerne werden Teil von Netzwerken – genauso wie kleine Unternehmen.

– Ernst Weichselbaum, Pionier zeitgemäßer Organisationsansätze

In der vernetzten Wirtschaft können Unternehmen nicht mehr als autonome Einheiten verstanden werden, sondern nur noch als Teil mehrerer unterschiedlicher Ökosysteme. Und selbst diese stehen nicht mehr für sich allein. Politik und Gesellschaft sind hier gleichermaßen gefragt, in einem vernetzten Miteinander zu agieren. Die große Verunsicherung in der Bevölkerung, die zu einer 15 % höheren Sparquote geführt hat, lässt die Konjunktur weiter schwächeln, und es ist nicht absehbar, wann und wie sich das wieder verändern lässt. Hier sind die Unternehmen und Politik gleichermaßen gefragt, begründete Zuversicht zu verbreiten, was eine kompromisslose gemeinsame Analyse (und nicht ein wechselseitiges Bashing) voraussetzt und die Entwicklung eines gemeinsamen Zukunftsplans.

Die Kompetenzvernetzung von Unternehmen mit anderen Unternehmen und externen Expertinnen und Experten wird elementar sein. Die Economic of Scale, also die Mengen- und Kapazitätsorientierung, ist ein Auslaufmodell. Abgelöst wird dieses Prinzip über kurz oder lang vom Denken in Economics of Networks.[133] Organisationen stehen deshalb vor der Aufgabe, ihre interne und externe Anschlussfähigkeit für Kooperationen zu erhöhen. Und damit meinen wir nicht, ein erfolgreiches Start-up zu kaufen und es im Nachgang dann doch wieder „kulturell zu assimilieren". Es gilt, das eigene Unternehmen dezentraler aufzustellen, die Schnittstellen zur Umwelt zu vervielfältigen, Beziehungen zu pflegen und Kooperationen mit Unternehmen aufzubauen, die über das Wissen verfügen, das einem selbst noch fehlt – immer eine reziproke Angelegenheit. Da schlägt der Größere nicht mehr den Kleineren, denn der Kleinere kann etwas oder hat etwas, ohne das der Größere nicht mehr wettbewerbsfähig ist. Und das verändert die Spielregeln. Einzelkämpfer haben in digitalisierten Zeiten ausgedient. Erfolgreich in einer vernetzten Wirtschaft werden nur jene Unternehmen sein, die selbst gut vernetzt sind.

„Diese Transformation schaffen wir nicht allein", ist die Marantec Company Group überzeugt. Mit dem Ziel, einen neuen starken Mittelstand zu bilden, bricht die Marantec bewusst mit dem bisherigen Leitmotiv des Hidden Champions. Ihr Ansatz: Wir wollen Open Champion sein. Die eigens dafür entwickelte Open-Champion-Methode[134] soll es anderen Unternehmen ermöglichen, sich auch zielgerichtet in die neue Zukunft zu transformieren. Dafür berichtet die Geschäftsführung des Unternehmens sehr offen über ihren Weg, ein Open Champion zu werden, wohl wissend, dass es den einen Weg nicht gibt. Eines von vielen Beispielen, das zeigt, wie energisch der Mittelstand bereits damit begonnen hat, sich zukunftsorientiert aufzustellen.

> *Ein digitalisiertes Unternehmen ist ein Knotenpunkt, keine geschlossene Einheit.*
>
> *– Zukunftsinstitut*

Die Allianz der Chancen ist eine Kooperation von 43 Unternehmen, die gemeinsam die Herausforderungen der Digitalisierung, Demografie und Dekarbonisierung der Industrie bewältigen möchte.[135] Ein anderes Beispiel ist die e-F@ctory Alliance von Mitsubishi. Das global aufgestellte Partnernetzwerk setzt sich aus Herstellern industrieller Komponenten sowie spezialisierten Systemintegratoren und Softwareunternehmen zusammen. Diese arbeiten kundenspezifisch in individuellen Konstellationen zusammen und können so flexibel optimale Lösungen realisieren. Die e-F@ctory Alliance zählt weltweit über 300 Mitglieder.[136]

Wer nach draußen in Kooperation treten will, sollte es im Inneren natürlich erst recht können. Übung im Innen haben wir aufgrund der noch üblichen hierarchischen Strukturen in den Unternehmen jedoch nur wenig, was in Zeiten niedriger Veränderungsdynamik kompensierbar war. Da diese Zeiten aber definitiv der Vergangenheit angehören, wird sich jede Organisation, die auch künftig erfolgreich sein will, irgendwann von einer klassischen Hierarchie in eine Netzwerkorganisation verwandeln (müssen).

> *Jede Arbeit ist wichtig, auch die kleinste. Es soll sich keiner einbilden, seine Arbeit sei über die seines Mitarbeiters erhaben. Jeder soll mitwirken zum Wohle des Ganzen.*
>
> *– Robert Bosch*

Daher wird es immer unsinniger werden, Mitarbeitende nach Einzelleistungen zu bewerten und zu belohnen, denn es kommt auf ihre Kooperations- und Interaktionsfähigkeit an, da in Zukunft die Qualität der Kooperation die Qualität der Leistung bestimmt, nicht mehr die Einzelleistung. Eine Initiative von Bosch aus 2015 hat es vorgemacht: Gemeinsam mit John Stepper führte Bosch die Methode Working Out Loud ein, um digitale Vernetzung und gemeinsames Arbeiten diverser Expertinnen und Experten an Problemen zu fördern. John Stepper, der das ursprünglich 2010 von dem US-amerikanischen IT-Berater Bryce Williams entwickelte Konzept weltweit verbreitet, unterstützte Bosch darin, die Methode für den Einsatz im Unternehmen weiterzuentwickeln, sodass 2015 der erste Circle gestartet werden konnte. Mittlerweile gibt es über 200 WOL Circles mit Mitarbeitenden aus aller Welt.

Mit Working Out Loud fördern wir die digitale Zusammenarbeit, entwickeln unsere Lern- und Arbeitskultur weiter und stärken so unsere Innovationskraft.

– Christoph Kübel, Geschäftsführer und Arbeitsdirektor Robert Bosch GmbH

Die Vernetzung ist dabei kein Selbstzweck. „Es geht darum zu lernen, wie man sich zielgerichtet mit Experten vernetzt und stabile Beziehungen aufbaut", so Katharina Krentz, Expertin für digitale Zusammenarbeit. „Auf Deutsch bedeutet Working Out Loud konkret so viel wie ‚Mache deine Arbeit sichtbar und teile dein Wissen und deine Erfahrungen transparent in deinem Netzwerk'. WOL ist neben Haltung und Fähigkeit ein informelles soziales Lernprogramm, genauer gesagt ein Peer Coaching Programm, bei dem die Teilnehmenden in sogenannten WOL Circles, die aus vier bis fünf Menschen bestehen, die sich einmal pro Woche für eine Stunde treffen, über zwölf Wochen ein selbst gewähltes Lernziel erreichen und dafür gemeinsam diverse Aufgaben lösen. Innerhalb der zwölf Wochen bauen die Teilnehmenden gezielt ein persönliches Expertennetzwerk rund um das Lernziel auf und nutzen dafür vorhandene digitale Plattformen", erklärt die zertifizierte WOL-Expertin Krentz dieses Prinzip.[137] Die fünf Säulen, auf denen WOL ruht, lauten: Beziehungen, Sichtbarkeit der Arbeit, Großzügigkeit, wachstumsorientiertes Denken und zielgerichtetes Entdecken. „WOL wird damit zu einer Schlüsselqualifikation in einer immer stärker vernetzten und digitalen Welt", ist sich Katharina Krentz sicher. „Neben den erreichten Ergebnissen lernen die Teilnehmenden neue Verhaltensweisen wie beispielsweise Wissen gut aufzubereiten und zu teilen, Feedback zu geben und zu nutzen und Fähigkeiten zur Zusammenarbeit und zum selbstbestimmten Lernen zu steigern." Dies alles sind Kernfähigkeiten im digitalen Zeitalter.

Fazit: Arbeiten und Kooperation in Ökosystemen und internen (weltweiten) Netzwerken muss man lernen. Das hat viel mit dezentral organisierter Verantwortung zu tun, denn die Loslösung von hierarchischen Mechanismen ist auf der Mikroebene Voraussetzung für Führung, auf der Mesoebene Voraussetzung für eine resiliente Organisation, die Kooperation fördert, und auf der Makroebene die Bedingung für das erfolgreiche Kooperieren in Ökosystemen.

DYNAMISCHES ORGANISATIONSDESIGN

> *Es gibt hier fast ein Paradoxon. In einer Welt, die immer unberechenbarer und turbulenter wird, müssen Organisationen die Macht an die Peripherie verlagern. Warum? Weil zentralisierte Organisationen nicht anpassungsfähig sind, nicht schnell und flexibel genug reagieren können.*
>
> *– Gary Hamel, amerikanischer Ökonom und Unternehmensberater*

Wenn Sie Ihre Organisation resilienter aufstellen wollen, brauchen sowohl die Struktur als auch das Arbeitssystem Ihrer Organisation eine hohe Flexibilität. Dann kann die Organisation auch in einem volatilen und komplexen Umfeld stabile Produktivität und Profitabilität erzeugen. Flexibles Handeln setzt aber eine große Marktnähe der Mitarbeitenden und dementsprechend eine angemessene Entscheidungsverantwortung in den Teams voraus, um Geschwindigkeit zu erzeugen. Dafür bedarf es einer dezentralen Wertschöpfungsorganisation. Vielleicht sind Sie schon in die Falle der „agilen Methoden“ gelaufen und haben sich an dem Versuch abgearbeitet, Agilität in Hierarchien zu implementieren. Das ist reine Symptomarbeit und bleibt lediglich ein zum Scheitern verurteilter Versuch, das Richtige im Falschen zu tun.

Wir haben neue Organisationsdesigns wie den BetaCodex, Holokratie oder Humanocracy bereits angesprochen und kurz die Merkmale dezentraler Unternehmensstrukturen beschrieben. Alle Modelle zeichnen sich im Prinzip vor allem dadurch aus, dass sie die Wertschöpfung dezentral organisieren, die zentralen Funktionen als marktgerecht agierende Enabler fungieren und dass die Formalstruktur, also die formale Positionshierarchie, von der Steuerung der Wertschöpfung abgekoppelt ist, damit die operative Wertschöpfung durch konsequentes Agieren am Kunden eine höhere Geschwindigkeit bekommt, durch Expertinnen und Experten geführt werden kann und damit auch die Problemlösungsfähigkeit der Organisation steigt. Unter dynamischen Umfeldbedingungen wird so außerdem eine schnellere Reaktionsfähigkeit erreicht, sodass der unmittelbare Kontakt zum Markt frühe Anzeichen möglicher Veränderungen erkennen lässt. Wir beschreiben in diesem Buch die dezentralen Organisationsdesigns nur sehr rudimentär, möchten Ihnen aber ein Bild der wesentlichen Unterschiede zur klassischen Hierarchie vermitteln. Für die nähere Betrachtung dieser Modelle steht bereits ausreichend Literatur zur Verfügung. Besonders die Publikationen von Niels Pfläging und Silke Hermann zum BetaCodex[138], von Gary Hamel zur Humanocracy[139] und Brian Robertson zur Holokratie[140] möchten wir Ihnen ans Herz legen.

Zu bedenken gilt aus unserer Sicht, dass die Frage der strukturellen Voraussetzung für das gewünschte Verhalten nicht in allen Modellen gleichermaßen durchgängig beantwortet wird. Sie erinnern sich vielleicht noch an die vielen „Unternehmer im Unternehmen"-Initiativen der vergangenen 15 Jahre. Alle sollten wie Unternehmer agieren (Thema Mindset), sie durften aber noch nicht einmal – um es übertrieben auszudrücken – für ihre

Abteilung Bleistifte bestellen, weil das die ihnen zugestandene Freigabehöhe überschritten hätte. Verantwortung und Entscheidung gehören aber zusammen.

Im Rahmen des dynamischen Organisationsdesigns geht es nun darum, für Ihr eigenes Unternehmen, in Ihrem spezifischen Kontext und mit Ihrer spezifischen Wertschöpfung auszuformen, welche Verantwortung dezentral weitergereicht werden muss (nicht nur delegiert, sondern wirklich übertragen!) und welche P&L-Verantwortung damit einhergeht. In komplexen Umgebungen gibt es jedoch keine Blaupause, daher müssen die Modelle sorgfältig adaptiert werden. Klar ist nur: Ohne – wir wiederholen es hier noch einmal – strukturelle Verantwortungsallokation wird es kaum unternehmerische Verhaltensweisen geben. Resilienz 2.0 bedeutet eben auch, dass aktiv für Stabilität gesorgt wird, und zwar als Basis für Exploration, die ohne ein solides Fundament in eine permanente Unruhe führen würde. Es stellen sich daher bei der Entwicklung eines passenden dynamischen Organisationsdesigns etliche graduelle Fragen, die szenarisch im Hinblick auf mögliche Auswirkungen diskutiert werden müssen, um entstehende Opportunitätskosten in die eine wie in die andere Richtung ausloten zu können.

Die Lernende Organisation als Resilienz-Dimension?

Für eine komplexe (Arbeits-)Welt, die geprägt ist von miteinander in Wechselwirkung stehenden Phänomenen, taugen lineare Lösungsansätze nur noch, wenn etwas vorhersehbar ist, aber nicht, wenn man in sozialen Systemen, also Organisationen, ernsthaft nach Veränderung strebt. Erst durch eine ganzheitliche Betrachtung des Systems, also das Denken in Systemen, werden die Wirkmechanismen und das zu erwartende System-Verhalten unter diesen Bedingungen überhaupt erst erkennbar und formulierbar.

Lösungen müssen also, wenn sie systemverändernd wirken sollen, systemisch und zirkulär entwickelt werden, um mögliche Auswirkungen antizipieren und regulieren zu können. Daher kann die Entwicklung hin zu einer resilienten Organisation auch nicht als Aneinanderreihung von einzelnen Maßnahmen funktionieren. Ebenso wird es kein in sich geschlossenes Modell, keine Blaupause geben, denn jede Lösung kann nur, sozusagen exklusiv, in Bezug auf den spezifischen Kontext entwickelt werden, in dem ein zu bearbeitendes Problem zu verorten ist.

> *Probleme kann man niemals mit derselben Denkweise lösen, durch die sie entstanden sind.*
>
> *– Albert Einstein, Physiker und Nobelpreisträger*

Um die benötigte Anpassungsfähigkeit zu erlangen, müssen Organisationen, egal welcher Branche, lernen können. Peter Senge prägte dafür den Begriff der Lernenden Organisation. In seinem Buch *Die fünfte Disziplin – Kunst und Praxis der Lernenden Organisation* beschreibt er die fünf Disziplinen einer Lernenden Organisation.[141]

Strukturelle Rahmenbedingungen sind hier die Voraussetzung, gewissermaßen das Fundament, auf dem die Organisationsmitglieder ihre lernbezogenen Kompetenzen entfalten und so die Entwicklung des Unternehmens positiv gestalten können. Ein dynamisches Organisationsdesign, so wie es hier skizziert wird, ist also der optimale strukturelle Rahmen für eine lernende Organisation, die in klassischen Hierarchien wiederum kaum eine Chance hätte.

Seitens der Organisationsmitglieder braucht es zudem – neben der strukturellen Grundlage des passenden Organisationsdesigns – bestimmte Kompetenzen für die erfolgreiche Umsetzung des Konzepts der Lernenden Organisation – und zwar unabhängig von der Hierarchieebene bzw. Rollenverteilung. Peter Senge beschreibt dies folgendermaßen, und zwar anhand von fünf Disziplinen:

Persönliches Lernen (*Personal Mastery*): Das Engagement einer Organisation, zu lernen, entspricht dem Engagement seiner Organisationsmitglieder. *Personal Mastery* beschreibt hier die Fähigkeit, Ziele konsequent zu verfolgen und zu verwirklichen, Lernmöglichkeiten zu schaffen und zu nutzen, das eigene Verhalten zu reflektieren und auch unter großer Belastung professionell zu agieren. Dafür braucht es strukturelles und psychologisches Empowerment, etwas, das wir später noch näher erläutern werden.

Die Notwendigkeit des persönlichen Lernens trifft hier jedoch positiv auf das Lernbedürfnis der Mitarbeitenden. „Beschäftigte, die nicht lernen und wachsen können, verlassen ihr Unternehmen. 72 % der Mitarbeiterinnen und Mitarbeiter und 74 % der Entscheidungsträgerinnen und Entscheidungsträger in Deutschland würden jedoch länger in ihrem Unternehmen bleiben, wenn sie mehr Unterstützung beim Lernen und bei ihrer Entwicklung erhielten, so ein Ergebnis der Mircosoft Work Trend Studie aus 2022.“[142] In dieser ersten Dimension ist es wichtig zu berücksichtigen, wie individualisiert oder kollektiviert geführt wird. Teamlernen z. B. kann nicht entstehen, wenn stark individualisiert geführt wird, und eine zu starke individuelle Orientierung führt zu möglichen Rivalitäten, was wiederum für ein lernfeindliches Klima sorgt.

Mentale Modelle: Unsere Vorstellung von der Realität ist höchst individuell, weil alles, was wir wahrnehmen, durch unsere eigenen Erfahrungsfilter fließt. Unsere mentalen Modelle, auch *Innere Landkarten* genannt, sind jedoch meist unbewusst entstanden. Deshalb gilt es, sie – abgeleitet von einer gemeinsamen Vision und einem gemeinsamen Zielbild – infrage zu stellen und gemeinsam zu verändern, sodass sie zum gewünschten Zielbild passen. Die Offenheit, um Neuem unvoreingenommen und konstruktiv zu begegnen, und die Konfliktkompetenz, um sich konstruktiv mit unterschiedlichen Standpunkten auseinandersetzen zu können, müssen dafür erst erlernt werden. Hierzu zählt auch das bereits weiter oben besprochene Menschenbild (Theorie X vs. Theorie Y).

> *Leistungsbereitschaft und Leistungswille entfalten sich nur in solchen Verhältnissen wirksam, in denen sich Leistungen auch tatsächlich erbringen lassen.*
>
> – *Dr. Judith Muster, Organisationssoziologin*

Das stark vom Industriezeitalter geprägte mentale Modell der Top-down-Führung, des Viel-hilft-viel-Paradigmas und der individuellen Leistungsmessung hat die Unternehmensrealität lange als mechanistisch steuerbar betrachtet. Manager mit dieser Sicht auf die Dinge erleben systemisch geprägte mentale Modelle häufig als Bedrohung, weil Kontrollbedürfnisse unbeantwortet bleiben. Durch diese kurze Gegenüberstellung wird schon deutlich, dass man dynamische Wertschöpfung und die dahinter liegenden mentalen Modelle im Diskurs aushandeln muss. Gleichzeitig ist das Wollen des Unternehmers unerlässlich, wenn neue Wege beschritten werden sollen.

Am Beispiel von Bayer kann man das gut erläutern. Bill Anderson ist der Überzeugung, dass dezentrale Wertschöpfung über das Humanocracy-Modell der einzige Weg ist, um den Konzern gut für die Zukunft aufzustellen. Radikal streicht er die Stellen für Manager zusammen und dezentralisiert Verantwortung. Eigentlich ist das ein äußerst hierarchisches Top-down-Vorgehen – aber zugleich macht er seit Monaten kaum etwas anderes, als überall hinzugehen und mit den Menschen in den Dialog zu treten, um sie für sein Vorgehen zu gewinnen.

Interaktion: Gemeinsame Visionen und Ziele sind unerlässlich, um das Engagement aller Organisationsmitglieder auf ein gemeinsames Ziel zu lenken. Diese kollektive Arbeit an Visionen und Zielen aktiviert die Menschen, löst die Ausschüttung von Dopamin aus und fördert Engagement. In Krisenzeiten ist es sogar noch viel wichtiger, dass es positive Visionen gibt; das zeigt die weiter vorne erwähnte Krisenstudie. Nötig ist eine klare und deutliche Beschreibung der Herausforderung, wie sie zu formulieren sich beispielsweise der neue BASF-CEO nicht scheut, gepaart mit einem positiven Zukunftsbild – und einem Plan. Zuversicht ist das Multitalent in der Krise, denn sie wirkt sich laut Studie positiv auf Leistungsparameter, Arbeitsplatzsicherheits- und Selbstwirksamkeitserleben aus.[143]

Teamlernen: Die Leistungsfähigkeit eines Teams übersteigt dann die Leistung der einzelnen Mitglieder, wenn die Teammitglieder synergetisch zusammenarbeiten. Effiziente Informationsprozesse sind ebenso ein Teil davon wie die konsequente Nutzung der Fachkompetenz eines jeden Teammitglieds. Auf der Beziehungsebene sind eine offene und zielgerichtete Kommunikation sowie eine uneingeschränkte Kooperation erforderlich. Aber hier stellt sich wieder die Herausforderung des strukturellen Zuschnitts, denn ein allein auf der Appellebene adressiertes Wunschbild des gemeinsamen Lernens wird nicht ausreichen. Teamlernen und damit auch soziale Dichte, also eine wechselseitige Leistungsresonanz, dürfen nicht durch Individualvereinbarungen konterkariert werden.

Systemdenken: Übergreifende Zusammenhänge und Wechselwirkungen erkennbar und artikulierbar machen zu können, ist eine Voraussetzung für einen kompetenten Umgang mit Komplexität. Das Gleiche gilt für die Bereitschaft, komplexe Fragestellungen nicht zu trivialisieren und zu vereinfachen. Als System- oder Komplexitätskompetenz werden folgende Fähigkeiten beschrieben: den Systemtyp zu erkennen (komplex oder kompliziert?) und adäquat zu agieren sowie die Lage immer wieder neu zu bewerten, sich an Lösungen heranzutasten und auch diese ständig neu zu beurteilen und somit selbst Grundannahmen immer wieder zu hinterfragen (kritisches Denken), eine hohe Kooperationskompetenz, um Lösungen in Teams und Gruppenprozessen zu suchen, und die Bereitschaft, Wissen und vergangene Erfahrungen beiseitezuschieben – und sich dadurch gezielt dem Nicht-Wissen und damit der Unsicherheit auszusetzen.

Den Ansatz, Fehler als Bestandteil von Entwicklung zu verstehen (Stichwort Fehlerkultur), definieren wir angesichts des Umstands, dass man sich in Deutschland schwertut mit der Fehlerkultur, in eine Erfinderkultur um und erinnern uns dabei an Thomas Alva Edison, den Erfinder der Glühbirne, der mal sagte, dass er sich nicht geirrt habe. Er habe nur 1.000 Wege gefunden, wie es nicht funktioniert.

Das Modell der lernenden Organisation hat einen methodischen Anteil (die beschriebenen Dimensionen) und einen Anteil, der die Haltung der agierenden Menschen betrifft. In der Beobachtung zeigt sich der Unterschied zwischen sehr ehrgeizigen und unzweifelhaft erfolgreichen Organisationen einerseits – die ein eher mechanistisches Menschenbild haben (der Mensch als austauschbare Humanressource) – und lernenden Organisationen nach Senge andererseits, unterlegt durch ein Menschenbild gemäß Theorie Y. In mechanistisch ausgerichteten Organisationen mögen die einzelnen Dimensionen „abgehakt“ werden und damit formal vorhanden sein. Allerdings ist die Veränderungskompetenz bzw. Lernintensität solcher Organisationen deutlich weniger ausgeprägt als bei lernenden Organisationen, die auf der Basis des Menschenbilds nach Theorie Y agieren.

Veränderungskompetenz und Lernintensität sind Faktoren, die Unternehmen in einer stabilen Umwelt und angesichts eines Überschusses an Nachwuchs als unproblematisch ansehen konnten. Angesichts steigender Komplexität einerseits und sich verschärfendem Fachkräftemangel andererseits sieht die Sache allerdings anders aus. Die sich aus dem Postwachstum ergebenden Verschiebungen werden elementar sein und daher sowohl zu einer Konsolidierung des Marktes als auch zu veränderten Organisations- und Kooperationsformen führen. Das folgende Darwin zugeschriebene Zitat beschreibt diesen Paradigmenwechsel: „Nicht die stärksten oder die intelligentesten Spezies werden überleben, sondern diejenigen, die sich am schnellsten anpassen."

Fazit: Wir gehen davon aus, dass strukturell eine dezentrale Verantwortungsallokation bestimmend sein und im Rahmen der *Future Transformation* eingeführt werden wird. Denn nur mittels einer dezentral organisierten Wertschöpfung kann die organisationale Resilienz wirksam und nachhaltig erhöht werden.

Herzlichen Glückwunsch – hier, Ihre neue Rolle

Bevor wir uns in das Thema der organisationalen Resilienz vertiefen, gilt es einen wichtigen Punkt zu adressieren: Ihre neue Rolle. (Unabhängig davon, welche Führungsposition Sie genau bekleiden – ob als CEO, Vorstand, Managerin oder Geschäftsführer – möchten wir Sie im Folgenden der Einfachheit halber CEO nennen.) Da CEOs einen maßgeblichen Einfluss auf die Gestaltung von Management, Leadership und Organisationsaufbau haben sollten, stellt sich natürlich die Frage, wie sich diese Rolle selbst verändern muss, damit sie diesen Strukturwandel erfolgreich steuern können. Keine Universität der Welt hat die heutige Management-Generation auf die Dimension des anstehenden umfassenden Strukturwandels vorbereiten können, da diese Entwicklung vor 30 Jahren schlicht nicht absehbar war – weder in ihrem Ausmaß und ihrer Geschwindigkeit noch in der Vielgestaltigkeit der sie begleitenden Krisen.

Und dass die Frage nach neuen Kompetenzen im Top-Management – zumindest in Deutschland – immer noch nicht ernsthaft diskutiert wird, mag daran liegen, dass dieser Rolle per se eine Art Allrounder-Kompetenz zugeschrieben wird, frei nach dem Motto: Wer es bis hierhin geschafft hat, wird das ja wohl auch können. Oder – das wäre allerdings eine weniger wünschenswerte Erklärung – man misst der CEO-Rolle zu wenig Einfluss auf die Gestaltung von Management und Leadership bei, sodass der Fokus eher auf die Veränderung von Führungskräften und Mitarbeitern gerichtet wird. Die beschriebenen Abkopplungseffekte zwischen der Top-Management-Ebene und ihren Organisationen deuten auf jeden Fall darauf hin, dass es zu wenig Kontakt zwischen den Ebenen gibt, sodass der unmittelbare gestaltende Einfluss des Managements auf die Organisation in vielen Unternehmen eher gering ist.

> *Wir sind alle Anfänger in dem, was uns jetzt umgibt. Nie war die Welt dynamischer, komplexer und widersprüchlicher. Wer jetzt noch „Kenne ich schon!" sagt, hat das Ausmaß der Verschiebung noch gar nicht realisiert.*
>
> *– Vera Starker, Wirtschaftspsychologin*

Vielleicht gibt es bisher auch schlichtweg zu wenige Ideen, wie man die CEO-Rolle so ausrichten könnte, dass diese Führungsebene die oben genannten Entwicklungen vorantreiben könnte.

Oder geistert die irrationale Hoffnung durch die Unternehmen, dass sich diese Rolle gar nicht verändern muss, dass CEOs einfach so weiter managen und entscheiden können, während sich der Rest des Unternehmens maßgeblich verändert? Das wäre sozusagen eine leise Variante der Restrukturierung.

Sie sehen, es gibt Handlungsbedarf. Die Veränderungen des wirtschaftlichen Umfelds sind so fundamental, dass kein Weg daran vorbeiführt, die bisherigen Rollen kritisch zu hinterfragen. Und das fängt bei Ihnen in der Top-Management-Rolle an: Auf welche Themen werden Sie fokussieren? Wie können Sie Ihren Arbeitsalltag und den Ihrer Mitarbeitenden so entrümpeln, dass Raum für konzentriertes Arbeiten und Nachdenken entsteht? Wie schaffen Sie – jenseits klassischer Meetings – Platz für Ihre Strategiearbeit? Wie können Sie überprüfen, dass und wie Sie wirksam sind in Ihrer Rolle?

Dynamisches Organisationsdesign

Hier verweisen wir auf unsere Ausführungen zu dezentral organisierten Organisationen weiter vorne. Einige Aspekte möchten wir jedoch, unabhängig vom gewählten Design, noch genauer ausführen. Die dezentrale Verantwortungsallokation führt zu einem strukturellen Empowerment der Organisation. Entscheidungsautorität und Verantwortung werden an die jeweils nachgelagerte Hierarchiestufe mit dem Ziel übertragen (nicht delegiert!), in kürzeren Entscheidungszeiten produktivere Ergebnisse zu bekommen. Bei strukturell empowerten, also dezentral strukturierten Organisationen, gelten diese Übertragungsprozesse als Regelprinzip.

Die unabdingbaren Voraussetzungen für strukturelles Empowerment lauten:

- Zugang zu relevantem Wissen und zu Informationen,
- Zugang zu Unterstützungsleistungen (Feedback/Beratung durch Kollegen bzw. Führungskräfte),
- Zugang zu adäquaten Ressourcen (Zeit, Mittel),
- Gelegenheit zum Aufbau und zur Nutzung von persönlichen Netzwerken,
- Möglichkeit, sich selbst weiterzuentwickeln und zu wachsen und offene Feedback-Kultur sowie psychologische Sicherheit.

Steuerung in komplexer Umgebung

> *Je komplexer das Problem ist, das Sie zu lösen versuchen, desto weniger KPIs sollte ein Unternehmen haben. Das gilt auch für die Maximierung der Leistung.*
>
> *– Gary Hamel, amerikanischer Ökonom und Unternehmensberater*

Mit seiner Forderung (nach Top-down Leistungsbewertung) unterstellt Christian Klein, dass die Kompetenz mit der Position in der formalen Rangordnung wächst, und zwar die Kompetenz in jeder Hinsicht – und ganz oben thront der allwissende Vorstand mit dem noch allwissenderen Vorstandvorsitzenden an der Spitze. Das ist eine erstaunlich naive Vorstellung von Organisation und Führung, erläutert Peter Laudenbach in der Süddeutschen Zeitung.[144] Wenn die höchste Qualität im Vordergrund steht, um am Markt zu überzeugen, dann sind die Expertinnen und Experten diejenigen, die bewerten können, ob die Marktresonanz wie angestrebt entstanden ist. Das ist in einer komplexen Welt nicht mehr linear allein über die Geschäftszahlen zu prüfen, weil die Bereiche, die sie erheben (und dazu zählt auch das Management), eben nicht die Expertinnen und Experten für das Thema sind. Wie kann jemand eine Leistung beurteilen, in der der zu Beurteilende Kompetenzen hat, die der Beurteilende nicht hat? So wie es eine funktionale Abwägung zwischen Zentralität und

Dezentralität braucht, die viele Unternehmen seit Jahrzehnten grundsätzlich gewohnt sind, aber in der eingetretenen Umfeldveränderung neu bewerten müssen, braucht es eine Abwägung zwischen übergreifenden Steuerungs-KPIs und dezentralen Wertschöpfungszielen – und zwar sowohl quantitativen als auch qualitativen. Das geht einher mit der Frage der Allokation der P&L-Verantwortung.

FOKUSSIERUNG UND KONZENTRIERTES ARBEITEN

> *In komplexer Umgebung ist nicht Strong Leadership, sondern Strong Nachdenken gefragt.*
>
> *– Lasse Rheingans, Unternehmer, Autor und Berater*

Die Qualität und Effizienz heutiger Arbeit ist davon abhängig, dass für das Gehirn förderliche Bedingungen geschaffen werden. Wir haben die überall sichtbaren und gemessenen Erschöpfungserscheinungen in einen direkten Zusammenhang zur Gestaltung des Arbeitsalltags mit Fragmentierung, Multitasking, sinnloser Arbeit etc. setzen können. Im Umkehrschluss liegt zumindest ein großer Teil der Lösung in der systematischen Einführung von konzentriertem Arbeiten, Unternehmensfokussierung und Entbürokratisierung. Das alles gilt für Büros, Produktions- und Werkshallen gleichermaßen.

Fokussierung im hier gemeinten Sinne bedeutet gehirngerechtes oder auch neuroergonomisches Arbeiten, bei dem neurowissenschaftliche, psychologische und ergonomische Aspekte zu berücksichtigen sind. Das betrifft die Strategie- und Initiativen-Fokussierung des Unternehmens, die Organisation von Arbeit, den Technikeinsatz, die Kooperations- und Meeting-Organisation, Fokuszeiten, eine fokussierungsförderliche Kultur, Eigendisziplin und noch vieles andere mehr. All diese relevanten

Faktoren sind gebündelt im The-Focused-Company-Framework (TFC)[145], dem ersten Unternehmens-Modell zur systematischen Einführung von konzentriertem Arbeiten. Wir skizzieren also nachfolgend nur einige besonders wichtige Aspekte des Modells und verweisen zur weiteren Vertiefung auf die Publikation „Endlich wieder konzentriert arbeiten. Wertschöpfung im digitalen Zeitalter wirklich, wirklich neu denken".[146]

Fokussierung auf Unternehmensebene

Wir starten mit der Fokussierung auf Unternehmensebene. Viele Unternehmen führen, das wird bei den Initialbefragungen in den Focused-Company-Prozessen offenbar, gleich mehrere Veränderungsprozesse parallel durch, wie z. B. Restrukturierung, digitale Transformation, Einführung von Microsoft 365 und neuer Reporting Tools, Leitbildprozesse, agile Führung, New Work, Werte- und Purpose-Prozesse, Diversity, Betriebliches Gesundheitsmanagement – um nur einige zu nennen. Das alles ist auch wichtig – keine Frage. Aber durch die Silostruktur, in der die meisten Unternehmen nach wie vor organisiert sind, konzentriert sich jeder Bereich auf seine eigenen Themen und setzt deren Entwicklung bzw. Veränderung, unabhängig von allen anderen Themen, die in Teilen noch nicht einmal bekannt sind, beim Vorstand oder der Geschäftsführung durch. Im Ergebnis wird die Organisation mit zusammenhanglosen Veränderungsimpulsen geflutet, was den Fokus der Führungskräfte und der Mitarbeitenden spaltet und alle restlos überfordert. Im Ergebnis senkt das die Erfolgsquoten der Prozesse deutlich, zumal sie in der Regel nicht in ein Gesamtkonzept integriert sind.

Die Implementierungsprozesse werden überdies selten durch diagnostische Maßnahmen begleitet, es sei denn, diese sind in die Mitarbeitendenbefragung integriert. In Zeiten von Informations-Overflow und Komplexität sind jedoch Daten, die Wirkungszusammenhänge zeigen und überdies das Gießkannenprinzip vermeiden, unerlässlich, um erfolgreich zu verändern. Falls Sie jetzt an die klassische Mitarbeitendenbefragung denken und eventuell sogar innerlich seufzen, können wir Sie beruhigen. Organisationsdiagnostik unterscheidet sich – auch wenn sie in Online-Formaten ausgespielt wird – konzeptionell deutlich von herkömmlichen Befragungen.

> *Daten machen die Wirkung und Wirkungszusammenhänge eingeleiteter Maßnahmen in Echtzeit sichtbar. Damit kann der Erfolg von Transformationsprojekten begleitend gemessen und bei Bedarf nachgesteuert werden.*
>
> *– Dr. Katharina Roos, Expertin für Organisationsdiagnostik*

Die Fokussierung der Organisation startet mit einer an der Business-Strategie orientierten Fokussierung der organisationsentwickelnden strategischen Maßnahmen. Ein Beispiel: Falls ein Unternehmen die Chancen der Diversität zur Produktivitätssteigerung nutzen möchte, dann ist das thematisch sowohl horizontal als auch vertikal über alle Bereiche hinweg zu denken. Die erste und entscheidende Frage lautet hier: Wie lässt sich die angestrebte Diversität mit den strategischen Businesszielen verbinden? Falls man sich nun für diese Strategie entscheidet, dann ist – nur um es zu demonstrieren – Diversität nicht ohne Flexibilisierung zu denken und diese wiederum nicht ohne entsprechend gestaltete Arbeits- und Meeting-Strukturen, Technikausrüstung, Raumgestaltung und Grundsatzentscheidungen zum Thema Remote Work. Diese Entscheidungen wiederum können nicht getroffen werden ohne die Beachtung der tariflichen Arbeitszeitgestaltungsgrundlagen, Entgeltfragen, Führungskompetenzen, nicht zu vergessen das Arbeitgeber-Marketing usw. Sie sehen, Mindset-Arbeit allein reicht nicht angesichts der Herausforderungen einer erfolgreichen Implementierung.

Die zur Auswahl stehenden – teils strategischen – Themen sind vielfältig (wir haben eingangs einige davon aufgezählt), und ohne Fokussierung ist die Wahrscheinlichkeit hoch, dass es zwar viele Initiativen gibt, aber kaum eine wirksam implementiert wird. In diesem Fall werden auch die angestrebten Wertschöpfungsziele nicht erreicht. Also: Fokussieren Sie auf die unternehmerische Ebene und sortieren Sie aus.

Konzentriertes Arbeiten

> *In einem Unternehmen arbeiten 10.000 Mitarbeiter mit E-Mail. Jeder verliert täglich durch Wirrungen der E-Mail-Kommunikation fünf Minuten produktiver Arbeitszeit. Rechnen Sie mit: Das ergibt pro Jahr bei einem Kostensatz von 100 Euro pro Mitarbeiter und 200 Arbeitstagen die stolze Summe von circa 16 Millionen Euro.*
>
> *– Alexandra Mesmer, Journalistin*

Was auf der Unternehmensebene das Fokussieren ist, ist auf individueller Ebene das konzentrierte Arbeiten. Etwa die Hälfte aller Beschäftigten in Deutschland schätzt die eigene Produktivität während der letzten 2,5 Jahre als gleichbleibend oder sogar höher ein. Gleichzeitig fühlen sich diese Arbeitnehmenden deutlich überarbeiteter als früher. Die Ursachen dafür liegen auf der Hand: Die steigende Zahl der Chat-Nachrichten und Meetings fragmentiert den Arbeitstag noch stärker, als das schon vor Corona der Fall war – insbesondere, da 62 % der Meetings ad hoc abgehalten werden und dadurch auch noch der letzte traurige Rest Tagesplanstabilität schwindet. Dabei wurden die Beschäftigten bereits vor 2020 während ihrer Tätigkeit – statistisch betrachtet – alle 10,5 Minuten unterbrochen und mit neuen Anforderungen konfrontiert. Jetzt liegen wir bei vier Minuten! Das ist eine der Hauptursachen für den um sich greifenden digitalen Stress. Die flächendeckend zu beobachtende Bewältigungsstrategie im Umgang mit diesem Druck: Arbeiten im Multitasking-Modus, um möglichst viele der anstehenden Aufgaben abzuarbeiten. Und obwohl das Gehirn gar nicht dazu in der Lage ist, sich mit zwei konzentrationsbedürftigen Tätigkeiten parallel zu befassen, zählt Multiswitching – also das permanente Wechseln – weiterhin zur gelebten Arbeitspraxis.[147]

Die Einführung der Fokuszeit für alle Beschäftigten ermöglicht hingegen ein tägliches konzentriertes Arbeiten und ist das Herzstück des TFC-Modells[148], über das Unternehmen, unabhängig von ihrer Größe, systematisch konzentriertes Arbeiten und eine interne Fokussierung des Unternehmens einführen können. Die Effekte liegen auf der Hand. Durch die störungsfreie Zeit erhöht sich die Produktivität in der Bearbeitung der Aufgaben, weil keine Re-Fokussierungszeiten anfallen. Denn sonst, Sie erinnern sich, dauert eine einfachere Aufgabe 15 % und eine komplexe bis zu 28 % länger als eigentlich nötig. Außerdem sinkt der Stresslevel deutlich, wenn konzentriertes Arbeiten ermöglicht wird. Und nur eine Stunde konzentriertes Arbeiten am Tag senkt messbar den Stresslevel, was noch abends im Cortisolspiegel abzulesen ist. Der ganze Tag bekommt eine andere Dynamik, wenn man morgens in Ruhe seine konzentrationsbedürftigen Aufgaben erledigen kann.

Und zu guter Letzt erlaubt konzentriertes Arbeiten das Erreichen des sogenannten Flow-Zustandes, einer Art des Hineinfallens ins Thema, das uns die Zeit und alles andere um uns herum vergessen lässt, wie 1965 der ungarische Psychologe Mihály Csíkszentmihályi auf der Suche nach den Wurzeln des Glücks erstmalig beobachtete: Einige seiner Künstler arbeiteten so leidenschaftlich an ihrem Werk, dass sie alles um sich herum vergaßen, obwohl am Ende auf keinen von ihnen eine Belohnung wie z. B. Geld oder Anerkennung wartete. Csíkszentmihályi beschrieb diesen Erlebens- und Bewusstseinszustand als Flow-Zustand. Im Zustand des Flow werden die fünf stärksten Neurotransmitter (Norepinephrin, Dopamin, Endorphine, Anandamid und Serotonin) ausgeschüttet, die das Gehirn produzieren kann. Alle fünf stärken die physische und kognitive Leistungsfähigkeit.[149] Zudem sind sie die Basis für drei wichtige Hochleistungsbausteine: Motivation, Lernen und Kreativität. Diese fünf Neurotransmitter helfen uns dabei, mehr Informationen in kürzerer Zeit aufzunehmen, diesen gleichzeitig mehr Aufmerksamkeit zu schenken und die hereinkommenden Informationen mit älteren Ideen zu verknüpfen, sind also das Fundament des kreativen Denkens und können das Gehirn sogar dahingehend trainieren, dass es auch langfristig kreativ denkt. Darum erreichen Sie über die strukturierte Einführung von konzentriertem Arbeiten in allen Arbeitsbereichen eine höhere physische und kognitive Leistungsfähigkeit bei den Beteiligten, bewirken eine messbare Stressreduktion und damit den Erhalt der Leistungsfähigkeit und Gesundheit. Und obendrauf gibt es noch eine größere Kreativität!

Es gibt Unternehmen, die Fokuszeit auf freiwilliger Basis einführen – weder die Dauer noch der Ort dafür werden vereinbart. Die Mitarbeitenden tragen es einfach in ihren Kalender ein. Allerdings funktioniert das meistens nicht, da die Meeting-Anfragen während dieser Zeiten natürlich nicht reduziert werden, die ständige Erreichbarkeit weiterhin wichtiger bleibt als die Zeit für konzentriertes Arbeiten und noch einiges anderes mehr. Um es noch einmal zu betonen: Für jede angestrebte Veränderung braucht es eine strukturelle Verankerung, um das Neue möglichst schnell als Routine zu implementieren. Die Fokuszeit ist genau diese strukturelle Komponente, die zu einer täglichen Routine werden muss, damit sie sich wirksam in der Organisation verankert. Wenn Sie jeden Tag mit sich selber diskutieren würden, ob Sie Ihre Zähne wirklich putzen wollen, wann Sie das tun und auf welche Weise, dann wäre das nicht nur sehr, sehr anstrengend für Ihr Gehirn (denn unser Denkorgan liebt Routinen), sondern würde auch dazu führen, dass Sie in spätestens sechs Monaten einen Termin beim Zahnarzt hätten.

Was wird nun während der Fokuszeit gemacht – und wer bestimmt das? Es wird die Arbeit erledigt, die besonderer Konzentration bedarf, und zwar selbstorganisiert. Die Mitarbeitenden entscheiden also täglich selbst, was sie in der Fokuszeit bearbeiten (was die Selbstbestimmung und das Selbstwirksamkeitserleben stärkt). In allen Unternehmen, die eine Focused Company geworden sind, liegt diese Zeit zwischen 10 und 12 Uhr vormittags, nur für Kunden sind Dringlichkeitskanäle eingerichtet. Wenn Sie die Produktivität und die Arbeitsqualität steigern, den Stress senken und wirksam etwas verändern wollen (Veränderung braucht Zeit zum Nachdenken!), dann ist tägliches konzentriertes Arbeiten unerlässlich.

Fokussiertes Arbeiten im Management

Wissenschaftler des King's College London befassten sich mit dem Thema, wie leistungsfähig Menschen sind, die parallel zu einer Aufgabe eingehende E-Mails bearbeiten. Dafür stellten sie zwei Testgruppen dieselben Aufgaben. Die Teilnehmer der ersten Gruppe wurden dabei von E-Mails unterbrochen, während die Forscher die Probanden der zweiten Gruppe Marihuana konsumieren ließen. Die Wissenschaftler beobachteten, dass die Marihuana-Konsumenten eine deutlich bessere Arbeitsleistung erreichten als jene, die ständig von E-Mails gestört wurden.[150]

Die menschliche Fähigkeit, sich zu fokussieren, ist die Basis für hochrelevante kognitive Funktionen im Gehirn. Dazu zählen unter anderem Leistungen wie das Verstehen komplexer Sachverhalte, der Umgang mit Widersprüchlichkeit, szenarisches Denken, das Erkennen von Fehlern, das Ergreifen passender Maßnahmen, das Treffen überlegter Entscheidungen sowie alle Lernprozesse. Aber auch soziale Prozesse zu erkennen und zu bewerten oder Angst zu regulieren gehören dazu. Und hier reichen schon Unterbrechungen von mindestens 2,8 Sekunden, um die Fehlerquote um 20 % steigen zu lassen.[151] Verlieren wir den Fokus, verschlechtern sich diese kognitiven Funktionen messbar und lösen Folgekosten aus, die weit über den Produktivitätsverlust hinausgehen.

Eine resiliente Organisation bietet hingegen genug Raum zum Nachdenken, vor allem im Management: keine Entscheidungen zwischen Tür und Angel, keine Meeteritis, sondern wirksame strategische Arbeit. Was im Umkehrschluss bedeutet, dass es auch hier nicht nur gilt zu fokussieren, sondern auch Entscheidungen zu dezentralisieren, um überhaupt den Raum und die Zeit für strategisches Management zu finden – womit wir wieder bei der dezentral aufgestellten Organisation wären. Machen Sie eine Liste: Was wollen Sie alles rauswerfen, übertragen oder auf anderem Wege erledigen? Hört sich das für Sie nach Kleinkram an? Denken Sie das nicht. Wenn die Top-Managementebene wieder Raum zum Denken hat, sind die Wirkungen immens.

Neues Kooperationsverständnis

Zu den größten Zeitfressern gehören Meetings. Wenn wir von Fokussierung sprechen, dann ist im Thema Kooperation ziemlich viel zu holen, was sich auch direkt auf die Produktivität auswirkt. Drei Studien, die im Zusammenhang mit dem Thema Meetings sehr interessant sind, möchten wir Ihnen nicht vorenthalten.

Verspätungen stehen sowohl mit der Zufriedenheit als auch mit der Effizienz von Besprechungen in einem negativen Zusammenhang.[152] Bei der Effizienz erklärt es sich sofort: Alle im Raum müssen warten, wenn sich jemand verspätet. Dass auch die Arbeitszufriedenheit abnimmt, ist plausibel, wenn wir uns vergegenwärtigen, dass die Mitarbeitenden deutscher Unternehmen im Schnitt schon 1,5 Tage pro Woche in Meetings verbringen und daher sowieso zu wenig Zeit für die eigene Arbeit haben. Also schmerzt dieser Zeitverlust sehr. Meetings sind ein großer Effizienz- und Zufriedenheitshebel – entweder in die richtige oder in die falsche Richtung.

So verwundern auch die Ergebnisse der zweiten Studie nicht. Die Meeting-Kultur ist mit dem Unternehmenserfolg verbunden. Mitarbeitende, die häufig in unproduktiven Meetings sitzen, haben eine insgesamt geringere Arbeitszufriedenheit, ein geringeres Engagement und zeigen Symptome von emotionaler Gereiztheit.[153] Zu bedenken ist hier auch das dritte Argument für mehr Fokussierung: Je früher am Morgen Besprechungen stattfinden und je länger sie dauern, umso mehr Multitasking wird betrieben, denn die Beschäftigten versuchen, dort andere Arbeiten nachzuholen.[154] Die Quote der Parallelarbeit in Meetings, vor allem während Online-Meetings, ist laut Microsoft Work Trend Index stark angestiegen.

Wenn sich Mitarbeitende, egal welcher Hierarchieebene, in den Meetings sowieso mit anderen Themen befassen, dann könnten diese Meetings eigentlich auch ganz gestrichen werden, weil das menschliche Gehirn keine zwei oder mehr konzentrationsbedürftige Inhalte gleichzeitig verarbeiten kann. Und nach nur 30 Minuten Multitasking – also eigentlich Multiswitching zwischen E-Mails, Smartphone & Co. – sinkt die Fähigkeit, sich zu fokussieren und zu konzentrieren, deutlich.[155] Die Menschen sind zwar noch anwesend, aber nur noch beschäftigt und gewiss nicht mehr produktiv! Daher sollte es eine Meeting-Inventur geben, quantitativ und qualitativ, und alternative Kooperationsformate sollten auf ihre vielleicht viel größere Tauglichkeit geprüft werden.

Technikeinsatz

Bis zu 40 Tools haben manche Unternehmen im Einsatz, und die Führungskräfte und Mitarbeitenden verbringen einen nicht unbeträchtlichen Anteil ihrer Zeit damit, alle diese Kanäle zu checken. Aber die jeweiligen Produktivitätsversprechen setzen sich nicht erfolgreich in Wertschöpfung um, sondern rauben uns allen schlichtweg Zeit. Vier Basis-Kommunikations-Tools braucht Ihr Unternehmen, mehr wahrscheinlich nicht: eines für die (dringliche) Echtzeit-Kommunikation, eines für die wichtige Kommunikation (meist E-Mail), eines für die Projektsteuerung und ein ERP-System. Den Kunden routet man auf alle vier Kanäle, sodass eine ausreichende Erreichbarkeit gewährleistet ist. Eine Technik-Inventur durchzuführen ist vor allem im Hinblick auf den Einsatz von KI-Systemen sehr wichtig, ansonsten entsteht einfach nur ein weiterer Kanal, den es zu checken gilt. Beim Thema Technik gilt jedenfalls: Weniger ist mehr, sonst bleibt der ROI aus.

Die geliebte Kultur

An dem Punkt, an dem es Ihnen allen im Unternehmen wichtiger ist, fokussiert und konzentriert Qualität zu erbringen als ständig erreichbar zu sein, sind Sie dann angelangt, wenn der Wert von Konzentration und Fokus für die Wertschöpfung, für die Leistungsfähigkeit und die Motivation wirklich erspürt und erlebt wird. Daher ist es so wichtig, dass Sie messen, bevor Sie

Maßnahmen zur Fokussierung ergreifen. Die eintretende Veränderung muss messbar sein, ansonsten bleibt es beim subjektiven Empfinden Einzelner.

Fazit: Werfen Sie alles vor die Tür, was Ihr Unternehmen nicht braucht, machen Sie Inventur bei den alten Methoden und implementieren Sie gehirngerechtes Arbeiten – und zwar überall, auch in der Produktion! Und lassen Sie das nicht externe Berater oder Manager machen, sondern die Mitarbeitenden selbst. Denn sie wissen am besten, an welchen Stellen man in Prozesse eingreifen kann, um sie gehirngerechter zu gestalten – vorausgesetzt, man vermittelt ihnen die Grundlagen gehirngerechten Arbeitens. Die Auswirkungen auf die Leistungsfähigkeit und Produktivität sowie die Gesundheit sind hoch. Denn wer klar denken kann (weil er sich konzentrieren darf), findet bessere Lösungen für die herausfordernden Probleme unserer Zeit, ist wirksamer und damit zufriedener!

EMPOWERMENT-ORIENTIERTE FÜHRUNG

> *Führung benötigt den kritischen Moment. Sie ist gefragt, wenn die Routinen und vertrauten Entscheidungsprämissen nicht mehr zur Handlungsorientierung ausreichen.*
>
> *– Dr. Kai Matthiesen, Kaufmann und Wirtschaftsethiker*

In den diversen New-Work-Interpretationen gibt es viele verschiedene Vorstellungen davon, welche Rolle Führung spielen sollte. Von der führungsfreien Organisation bis hin zu der Meinung, dass sich in puncto Führung kaum etwas ändert, findet sich hier alles wieder. Diese Unschärfe führt dazu, dass viele Führungskräfte und das Management, welches in der Regel bei New Work gar nicht mehr mitgedacht wird, für das Konzept wenig zu begeistern waren und sind. Kein Wunder, wenn man sich darüber selbst abschafft. Genau hier wird deutlich, wie Mindset-orientiert viele New-Work-Interpretationen sind. Sie blenden die Rationalitäten einer Organisation vollständig aus. Management, Führung und sogar die ungeliebten Routinen und die Bürokratie haben eine Funktion in Organisationen, die sich nicht einfach über ein verändertes Mindset wegzaubern lassen.

Eine resiliente, dezentral organisierte Organisation benötigt ein Management, um die formale Hierarchie zu bedienen, Compliance und weitere formale Anforderungen von Kapitalgesellschaften zu sichern. Strategische Investitions- und geschäftspolitische Entscheidungen obliegen ebenfalls dem Management, da diese nicht aus der Perspektive dezentraler Verantwortung heraus übergreifend ermittelt werden können. Wo genau die Nahtstellen und Übergänge zwischen Management und dezentraler Wertschöpfung liegen, sollte kontext- und wertschöpfungsspezifisch in den Unternehmen entschieden werden. Insbesondere investitionsintensive Branchen unterscheiden sich maßgeblich von Dienstleistungsunternehmen, sodass es auch hier keine Blaupause geben kann.

Führung braucht es ebenfalls in resilienten Organisationen, und zwar immer dann, wenn es Zielkonflikte gibt, strategische Fragen auftreten, Routinen zu unterbrechen oder bei der Entscheidung, welche neuen Routinen zu etablieren sind. Führung tariert Spannungen aus, die in jeder Organisation, egal in welchem Organisationsdesign, auftreten. Sie stellt sich Widersprüchen und Konflikten, und in einer komplexen und zunehmend ungewiss werdenden Welt ist das eine ihrer wichtigsten Funktionen. Kurz: Führung ist da gefragt, wo es sie aus Sicht der Mitarbeitenden braucht. Um das an einem von vielen Beispiele, dem Homeoffice, zu illustrieren:

Eine Studie von Rheingold und Hays hat Führung im Kontext von Homeoffice untersucht und kam auf ähnliche Ergebnisse wie der bereits erwähnte Microsoft Work Trend Index, der die Produktivitätsparanoia der Führungskräfte offenlegte: Nur 36 % der Führungskräfte sagten, sie würden ihren Mitarbeitenden seit der Pandemie mehr eigenständige Arbeit zutrauen. Die Mehrheit aber, 61 % der Führungskräfte, gab an, seitdem strenger zu verfolgen, wie viel und wann ihre Mitarbeiter arbeiteten. In einer Clusteranalyse[156] konnten die Verfasser der Studie drei Typen von Führungskräften im Hinblick auf ihr Führungsverhalten im Kontext Homeoffice unterscheiden:

1. „Performance Management" (52 %): Ihre ambivalente Führungspraxis äußert sich in der verstärkten Motivation und individuellen Betreuung der Mitarbeitenden, allerdings in Kombination mit kleinteiligen Vorgaben und engmaschiger Kontrolle. Eigenverantwortung wird damit verhindert.

2. „Employee Empowerment" (30 %): Diese Führungskräfte räumen ihren Mitarbeitenden seit Corona mehr Freiräume ein und motivieren sie zu eigenverantwortlichem Arbeiten. Dieser Typ treibt die interne Digitalisierung am stärksten voran, hat laut der Studie die Pandemie als positive Chance für Entwicklungen genutzt und das Vertrauen zu seinen Mitarbeitern gestärkt.

3. „Business as usual" (18 %): Diese Führungskräfte hingegen bewerten die veränderten Rahmenbedingungen als temporär und sehen dementsprechend wenig Anlass, ihren Führungsstil zu ändern. „Da er selbst keinen Veränderungsbedarf wahrnimmt, sieht er auch geringere Bedürfnisse aufseiten der Mitarbeiter."

Die Ergebnisse dieser Clusteranalyse bestätigen unsere Ausführungen zur Produktivitätsförderung durch die Anwendung des psychologischen Empowerments und zeigen die Potenziale auf, wenn Führungskräfte Umfeldveränderungen aktiv aufnehmen und zur Weiterentwicklung der Teams nutzen.

Mit 52 % haben auch hier die Führungskräfte den neuen Drang zur Produktivitätskontrolle bestätigt. Schauen wir an dieser Stelle also noch einmal genauer hin.

Homeoffice und (Empowerment-orientierte) Führung

Die Construal Level Theory beschäftigt sich als sozial-kognitive Theorie wissenschaftlich mit der Frage, welche Auswirkungen die wahrgenommene (!) Distanz bei Arbeit im Homeoffice auf das Verhalten der Menschen in virtuellen Teams und Organisationen hat, und könnte dadurch erklären, warum es Führungskräften offenbar so schwerfällt, über Distanz zu führen. Die Relevanz des Themas wird hoch bleiben, denn das Homeoffice wird als Arbeitsform bleiben, daran besteht aus unserer Sicht kein Zweifel.

Eine Langzeitstudie der Universität Konstanz ergab: Nur 9 % der Beschäftigten wollen (Stand 2024) ausschließlich im Büro arbeiten, die Mehrheit (73 %) wünscht sich eine Mischform, knapp ein Fünftel möchte nur zu Hause tätig sein.[157] Die Studie zeigt auch: Eine Präsenzpflicht, wie sie viele Unternehmen derzeit ins Auge fassen, könnte nach hinten losgehen, resümiert die SPIEGEL-Wirtschaftsjournalistin Maren Hoffmann. Gesichert sei der Studie zufolge nämlich nur ein Effekt: Zwingt man die Leute zurück, steigt deren Erschöpfungslevel, und das deckt sich mit den Erkenntnissen des Forschers Mark Ma von der Universität Pittsburgh. Ma stieß bei 137 der 500 umsatzstärksten US-Unternehmen auf verpflichtende Regelungen zur Rückkehr in die Büropräsenz, und er stellte fest: Keine der Regelungen bewirkte in diesen Unternehmen eine messbare Leistungssteigerung. Der einzige Wert, der sich nach oben schraubte, war die Unzufriedenheit der Mitarbeitenden.[158] Insofern ist die Frage produktivitätsrelevant und damit Teil der Überlegungen, wie in einer resilienten Organisation im Kontext von Homeoffice geführt werden sollte. Bislang wird, wie in Kapitel zwei verdeutlicht, oftmals sozialisationsbasiert entschieden.

Im Rahmen der Construal Level Theory (CLT) definieren Liberman, Trope und Stephan ein Objekt dann als psychologisch entfernt, wenn es nicht Teil der unmittelbaren physischen Erfahrung ist und daher mental konstruiert werden muss.[159] Mit anderen – und vereinfachten – Worten: Wenn ich als Führungskraft meine Mitarbeitenden nicht sehen kann, kann ich deren Arbeit nicht visuell aufnehmen und muss die Zusammenhänge mental konstruieren, was schlicht anstrengender ist. Bei der Arbeit im Büro hilft unserem Gehirn auch das Prinzip des erfahrungsbasierten und assoziativen Denkens. Die Arbeit vor Ort ist mit Arbeit verknüpft – das Zuhause wiederum auch nach vier Jahren Remote Work – mit Entspannung. Ob jemand im Büro seinen Urlaub bucht, Tetris spielt oder ähnlichen Freizeitvergnügungen nachgeht – Hauptsache, er oder sie sitzt vor Ort auf dem Bürostuhl. Es menschelt, und unser assoziativ arbeitendes Gehirn spielt dabei eine große Rolle.

Wir wollen hier kein Plädoyer für Remote Work halten, denn die Vor- und Nachteile in Bezug auf Kommunikation, Kreativität, Teambindung etc. sind, wie weiter vorne bereits dargelegt, sehr differenziert zu betrachten. Es geht vielmehr um die Frage, warum man sich in Unternehmen für die eine oder die andere Variante entscheidet. Die Kontrollbedürfnisse der Führungskräfte sind da kein guter Ratgeber. Wer an Produktivität und Resilienz interessiert ist, sollte diese also reflektieren und hintanstellen bzw. durch alternative Formen des Zusammenarbeitens mit dem Team kompensieren, so u. a. durch aktiven Vertrauensaufbau und die Beantwortung der Frage (gemeinsam mit dem Team), wie die spezifische Produktivität gemessen werden kann. Ebenso sollten die Vor- und Nachteile von Remote Work für die Wertschöpfung gemeinsam mit dem Team diskutiert und in eine auf Teamebene gelebte Regel überführt werden. Und immer dann, wenn internaler Druck aufkommt, ist auch die Selbstführung gefragt. Das bestätigt auch eine Studie, die untersucht hat, wann Führungskräfte ihre Ziele nicht aus den Augen verlieren: Führungskräfte, die sich selbst gut führen, führungsstark agieren, Geführte in passendem Maß empowern und strategisch führen, haben eine hohe Wirkung auf Teamerfolg, auch *weil* sie ihr Ziel nicht aus den Augen verlieren.[160]

Braucht es eine spezifische Führung in Krisenzeiten?

> *Empowerment-orientierte Führung ist Leistungssport in Organisationen und kein Feel-Good-Management.*
>
> *– Prof. Dr. Carsten Schermuly, Dipl. Psychologe*

Die durch Empowerment-orientierte Führung gestärkte Überzeugung, die eigene Arbeit kontrollieren zu können, Prozessen nicht blind ausgeliefert zu sein und über Initiativen oder Regeln nach eigener Auffassung in einem angemessenen Rahmen (mit-) entscheiden zu können, wirkt sich auch in ungewissen Zeiten stabilisierend aus, weil sie das Selbstwirksamkeitserleben erhöht, das wiederum ein Aspekt von Zuversicht ist.

Und hier möchten wir noch einmal auf die Studie zu den Auswirkungen der allgemeinen Krisenstimmung zurückkommen. Die Mitarbeitenden haben – im Gegensatz zu den Führungskräften, die ein Bedürfnis nach autoritärer Führung zeigen – ein

Bedürfnis nach Cultural tightness geäußert.[161] In der stärksten Ausprägung der Cultural-tightness-Skala kommen die Werte einer autoritären Führung zwar nah, aber die von den Befragten gewählte Mitte der Skala lässt sich wie folgt interpretieren und zusammenfassen: Gewünscht werden mehr Klarheit und Transparenz in Strukturen, Prozessen und Verantwortungen und soziale Regeln, die auch eingehalten werden bzw. jemand, der das zur Not auch sicherstellt. Ein klarer Appell an Führung.

Freies Arbeiten innerhalb von klaren (sozialen) Regeln, Verantwortungen und Strukturen – das sind die Bedürfnisse der Mitarbeitenden in der Krise.

Es braucht also nicht per se eine engere Kultur, dafür aber besser formulierte und verlässliche soziale Regeln sowie klare Verantwortlichkeiten. Die statistischen Hintergrundanalysen zeigen, dass dies umso mehr in Krisenzeiten gilt, da diese immer auch für Unsicherheit am Arbeitsplatz sorgen. Insofern möchten wir die Frage, ob es in Krisen eine besondere Art der Führung braucht, mit einem klaren Ja beantworten. Aber im Gegensatz zu dem, was die meisten CEOs und ihr Management annehmen, nämlich dass es eine autoritäre sein muss, bestätigt die Studie deutlich, dass es eine psychologisch empowernde und zuversichtliche Führung sein muss, um die Krisen zu bewältigen.

Was das für Führungsentwicklung bedeutet

Führungskräfte können nur zuversichtlich sein, wenn sie selbst vom Plan überzeugt sind, ihre eigenen Ängste reflektieren und ihre Emotionen regulieren können.

In komplexer Umgebung verringert sich automatisch die Anzahl der möglichen Standards. Das trifft auch auf die Führungsentwicklung zu. Der Geschäftsführer eines Mittelständlers, dessen Unternehmen nicht unmittelbar von der Krise betroffen ist, der aber vorsorgen möchte, strich alle Ausgaben für Führungsentwicklung zusammen und gab dem HR-Bereich den Auftrag, nur noch von „der Stange" auszubilden, weil das günstiger sei. Ein weiteres Beispiel für den fatalen Rückfall in die Linearität. Natürlich ist das Streichen betriebswirtschaftlich sofort sichtbar. Die Opportunitätskosten in Form der sinkenden Wettbewerbsfähigkeit treten deutlich verzögert auf. Auch in der Mittelfriststrategie wurde ein neues Geschäftsfeld mit AI abgebildet, dessen Etablierung spezifische neue Kompetenzen voraussetzt. Alles gestrichen bzw. auf später verschoben.

Personal- und Führungsentwicklung von der Stange ist in der Tat am Ende der Sackgasse angekommen. Persönlichkeitsentwicklung ist das Stichwort. Nach Ansicht von Karl Weick, emeritierter Professor für Organisationsverhalten und -psychologie, braucht es künftig Persönlichkeiten in der Führung, da der Erfolg von der Wahrnehmungsfähigkeit und Achtsamkeit der handelnden Personen abhängig sein wird, von ihrem Mut, ihrer Entscheidungs- und Handlungsstärke, ihrer persönlichen Integrität, ihrem respektvollen Umgang mit ihrer Umgebung – mit anderen Worten: eben von ihrer Persönlichkeit. Obwohl sich das Unternehmensumfeld fundamental geändert hat, werden Führungskräfte noch nach Maßstäben der 1990er-Jahre „entwickelt". Nun ist es per se schon abwegig, Menschen entwickeln zu wollen (das können sie nur selbst), aber dies nach einheitlichen Standards zu versuchen, also genormt, ist schiere Geld- und Ressourcenverschwendung. Nicht selten reagieren Führungskräfte, die schon viele dieser „Entwicklungen" durchlaufen haben, mittlerweile regelrecht aggressiv auf diese Veranstaltungen, weil sie merken, dass sie durch die Inhalte keinesfalls darin unterstützt werden, die Ambivalenzen und Widersprüchlichkeiten der Organisation auszubalancieren und mit der gestiegenen Komplexität und Widersprüchlichkeit umzugehen.

Verfolgt man diesen Gedanken weiter, geraten Organisationen in die paradoxe Situation, sich aus funktionalen Gründen um die Förderung der Persönlichkeit ihrer Angestellten kümmern zu müssen. Das bedeutet: Gestern war jemand noch ein Vorgesetzter von vielen, und heute ist er eine autonome, selbstreflexive, eigenverantwortliche, entscheidungsstarke, sozial integrative Persönlichkeit. Die Herausforderung dabei: autonom und selbstbestimmt handelnde Menschen kann man nicht mehr „von oben" steuern wie bisher – da helfen auch die neuerdings wieder zum Leben erweckten alten Kontrollfantasien nicht.

> *Fans eines straffen Top-down-Managements ersetzen ein Missverständnis durch ein anderes. Während New-Work-Ideologen mit ihrem Misstrauen gegenüber irgendwie uncoolen, weil formalen Hierarchien deren entlastende Wirkung deutlich unterschätzten, macht die Top-down-Fraktion genau den umgekehrten Fehler. Sie kultiviert Steuerungsillusionen und überschätzt die Macht der formalen Hierarchie.*
>
> *– Peter Laudenbach, Journalist Süddeutsche Zeitung*

„Die Manager und Leader von morgen, die wir brauchen, sehen sich eben nicht als allmächtige und allwissende Menschen an, sondern wissen, dass sie ein Mehr an Kooperation statt Konkurrenz brauchen, dass sie zwingend in diversen (was auch die Qualifikationen angeht!) Teams arbeiten müssen, statt im eigenen Saft zu schmoren, dass Demut, Empathie und Adaptivität mehr gefragt sind als Überheblichkeit, Durchsetzungsstärke und Ego, dass Lust am Konflikt, Dialog und Diskurs wichtiger sind als immer über alles die Harmoniesoße zu kippen, und es deutlich mehr Mut braucht, in Zukunft Fehler einzugestehen als auf Unfehlbarkeit zu pochen", so Stephanie Schorp, Expertin für die Besetzung von Top-Management-Positionen.

Jim Lemoine, Professor an der Managementschule der Universität von Buffalo, USA, bezeichnet es als Problem, dass viele Managerinnen und Manager die in sie gesetzte Hoffnung, in kritischen und komplexen Situationen nachhaltig gültige Antworten zu geben, erfüllen möchten, um als effektiv wahrgenommen zu werden. „Allerdings", so Lemoine, „ist das paradoxerweise das Schlechteste, was wir in einer volatilen Situation tun können." Führungspersönlichkeiten müssen Erwartungsenttäuschung aushalten und dafür offenbleiben einzuräumen, dass die Pläne von gestern möglicherweise morgen schon nichts mehr taugen, und müssen Orientierung für die nächsten neuen Schritte geben. Führung braucht daher ein gutes Erwartungsmanagement. Es gilt also auch in der Rolle des Funktionsträgers oder der Funktionsträgerin, an der eigenen Stabilität und Resilienz zu arbeiten. Bislang galten Selbstführung und Selbstsorge als garantierter Karrierekiller, jetzt sind sie ein integraler Bestandteil einer resilienten Organisation, da die Funktionsträgerinnen und -träger ihre eigenen krisenbezogenen Ängste und Sorgen reflektieren und lernen, mit ihnen umzugehen.

Fazit: Empowernde Führungspersönlichkeiten werden sich in Zukunft dadurch auszeichnen, dass sie trotz unbekannter Perspektiven im Dialog mit den Teams immer neue Wege finden und aufzeigen, wie diese Zukunft gemeinsam gestaltet werden kann. Sie trauen ihren Teammitgliedern vieles zu und werden zudem bereit sein, diese Wege auch selbst zu gehen, sprich, sich selbst zu reflektieren und zu verändern, weil sie wissen, dass sich nicht nur ihr Unternehmen verändert, sondern vor allem auch ihre eigene Rolle. Investieren Sie in Persönlichkeitsentwicklung!

Frauen führen in Krisen anders

> *Die neue Stabilität heißt nicht „Alles wird gut!" oder „Mitarbeiter brauchen Geborgenheit innerhalb von Ungewissheit!", sondern: „So sieht es aus und das ist unser Plan!"*

Neuere Forschungen haben ergeben, dass Frauen in Gefahrensituationen – neben dem Fight-or-flight-Modus – eine zusätzliche limbische Reaktion zeigen können, in dem sie sich schutzbietenden Gruppen anschließen, wie Sheldon Cohen und Thomas A. Wills feststellten.[162] Die Psychologieprofessorin Shelley Taylor von der University of California formulierte dafür den Begriff „Tend-and-befriend" als mögliche weibliche Alternative zu Fight-or-flight: den Nachwuchs beschützen (tend) und Freundschaft anbieten (befriend).[163] Ein deutlicher Gegensatz zu den derzeit überall zu hörenden Rufen nach der „harten Hand" und einer entsprechenden Grundaggressivität. „Ohne eine gewisse Portion Aggression sind Führungskräfte immer im Risiko, von anderen übervorteilt zu werden", sagt Jens Weidner, Professor an der Hochschule für Angewandte Wissenschaften in Hamburg und weist damit auf eine etablierte Praxis des latent aggressiven Verhaltens hin. Gerade dass Frauen dies im Business häufig nicht zeigen, wurde ihnen immer wieder als Nachteil ausgelegt, ohne die darin liegenden Chancen zu sehen.

In einer resilienten Organisation braucht es auch hier eine Beidhändigkeit zwischen einer gesunden, sach- und inhaltsbezogenen Aggression und einer zuversichtlichen, kooperativen Haltung und Führung. Eine Führung mit psychologischem Empowerment und dem Schwerpunkt auf Motivation und Bindung (wir wiederholen es aufgrund der hohen Relevanz noch einmal) ist im Kontext von VUCA und Polykrisen zu bevorzugen, während sich eine aggressive Führungshaltung sehr nachteilig auswirkt, da sie mit Gefahr assoziiert ist und damit das Krisenerleben verstärken kann, denn den Fight-Modus braucht nur ein Mensch, der sich bedroht fühlt. Ohne Frauen per se eine höhere Kompetenz im Entwickeln von Zuversicht und Kooperation zusprechen zu wollen, scheint es ihnen in der Krise doch näher zu liegen, zu kooperieren, wie die genannten Studien zeigen – ein weiteres Argument für gemischte Top-Management-Teams.

Fassen wir zusammen: Eine resiliente Organisation benötigt eine zuversichtliche, Empowerment-orientierte und diverse Führung sowie einen Paradigmenwechsel bei ihren Führungskräften im Thema Selbstführung und Persönlichkeitsentwicklung.

NEUE (LERN)-KOMPETENZEN

> *Ein Teil des Macintosh-Erfolgs bestand darin, dass die Leute, die daran gearbeitet haben, Musiker, Dichter, Künstler, Zoologen und Historiker waren, die zufällig auch die besten Computerwissenschaftler der Welt waren.*
>
> *– Steve Jobs, Apple-Gründer*

Ausgerechnet die Unternehmensberatung McKinsey, nicht gerade bekannt für die Berücksichtigung emotionaler Aspekte in Beratungsprozessen, ermittelte durch ihr McKinsey Global Institute (MGI), dass bis zum Jahr 2030 soziale und emotionale Kompetenzen an Bedeutung gewinnen werden, insbesondere Kommunikations- und Verhandlungsgeschick, Empathie und Führungsvermögen. Der Anteil der Arbeitszeit, der diese Fähigkeiten erfordert, wird nach Aussage der Unternehmensberatung bis 2030 um rund 24 % steigen.[164] Aus unserer Sicht beantwortet das aber nur einen Teil der Frage, welche neuen Meta-Kompetenzen eine resiliente Organisation benötigt. Wir werden hier diese

Kompetenzen, die für eine resiliente Organisation erforderlich sind, allerdings nur aus einer gewissen Flughöhe betrachten können, da es sonst den Rahmen dieses Buches sprengen würde.

Der Umgang mit Komplexität, Widersprüchlichkeit und Ungewissheit ist erlern- und trainierbar, und so braucht es neben den von MGI ermittelten sozialen und emotionalen Kompetenzen noch neue methodische Kompetenzen. Auch der gezielte Aufbau von individueller Resilienz ist ein Teil davon. Zuvorderst gilt es aber, Lernen an sich neu zu verstehen. Denn Wissen ist überall verfügbar.

> *Ich sehe in den Belegschaften deutscher Unternehmen Effizienz, Gründlichkeit, Pünktlichkeit, Zuverlässigkeit, Fleiß, Disziplin und Ehrlichkeit. Eigenschaften, um die uns der internationale Wettbewerb beneidet.*
>
> *– Stefan Thomé, CEO Airbus Helicopters*

So würdigend Herr Thomé das mit Sicherheit gemeint hat, stellt sich doch die Frage, ob das wirklich die Eigenschaften sind, auf die deutsche Unternehmen bei ihren Führungskräften und Mitarbeitenden fokussieren sollten. Wie verhält sich Gründlichkeit zu Komplexität und Widersprüchlichkeit? Und wie Effizienz zu der erforderlichen Adaptivität? Zuverlässigkeit ist mit Sicherheit ein wichtiger Wert für die Zusammenarbeit, keine Frage. Aber bei dieser Beschreibung denkt man doch eher an den deutschen Durchschnittsbeschäftigten, der zuverlässig und fleißig ausführt, was man ihm sagt.

> *Wir brauchen eine digital mündige Gesellschaft mit digitalen Kompetenzen, die weit über das Technische hinausgehen, um Innovationen voranzutreiben und die Probleme unserer Zeit zu lösen.*
>
> *– Dr. Philipp Ramin, CEO Innovationszentrum für Industrie 4.0*

Die hier von einem renommierten Experten für digitales Lernen angesprochenen digitalen Kompetenzen werden in Deutschland bislang nicht systemisch in Corporate-Learning-Programmen vermittelt. Das erinnert an den bereits erwähnten „Bring your own AI"-Trend, der nur entstand, weil die Unternehmen keinen strategischen Plan zur Implementierung von GenAI haben. Dementsprechend fehlt es auch an vielen Stellen an einer strukturierten Vermittlung dieser Kompetenzen. Und wenn wir gerade beim Thema GenAI sind: Die Kompetenz des kritischen Denkens ist eine Meta-Kompetenz des digitalen Zeitalters.

Analytischer Verstand und Zweifeln als Kompetenz

Die britische Premierministerin Margaret Thatcher erhielt für ihren wiederholten, nachdrücklich vorgetragenen Ausspruch „There Is No Alternative!" den Spitznamen TINA, und 2010 wurde der Ausdruck „alternativlos" zum Unwort des Jahres gekürt. „Das Wort suggeriert sachlich unangemessen, dass es bei einem Entscheidungsprozess von vornherein keine Alternativen und damit auch keine Notwendigkeit der Diskussion und Argumentation gebe", so die Jury zur Begründung.

Nur knapp 15 Jahre später sind wir im Alternativen-Overflow angelangt – in der Widersprüchlichkeit. Ein erfolgreicher Umgang mit Krisensituationen erfordert die Meta-Kompetenz des kritischen Denkens und des Hinterfragens und gleichermaßen die der Ambiguitätstoleranz. Aber in Krisen- und Transformationsprozessen werden kritisch Hinterfragende nur allzu schnell als Widerständler und Abweichler bezeichnet und abgewertet. Sie erinnern sich? In der Krise suchen wir uns ähnliche Personen. Seminare für Führungskräfte werden damit beworben, dass sie dort lernen können, wie man diesen Widerstand bricht. Das Gegenteil wird jetzt und künftig benötigt: In Krisen, wenn es also neue Lösungen braucht, ist das Hinterfragen und Zweifeln jedoch unerlässlich, geradezu eine Krisenkompetenz, denn nur so können Bestätigungsfehler (Confirmation bias – der Begriff besagt, dass unser Gehirn gezielt Informationen sucht, um die eigenen Annahmen zu bestätigen und anderes ignoriert) aufgedeckt werden.

> *Mein Job ist es nicht, nett zu Menschen zu sein. Mein Job ist es, sie besser zu machen.*
>
> *– Steve Jobs, Apple-Gründer*

Kritisch denkende Menschen auszuhalten, setzt ein stabiles Selbstvertrauen in der Führungsrolle voraus. Zweifeln ist Ausdruck des eigenen Verstandesgebrauchs und das Anerkennen der Möglichkeit, dass man etwas nicht weiß, schlicht nicht alles wissen kann. Darauf sind Führungskräfte in deutschen Unternehmen nicht gut vorbereitet, erwartet man doch immer eine Antwort von ihnen. Das sozialpsychologische Gruppen-Phänomen der „pluralistischen Ignoranz" verstärkt das Problem. Es beschreibt ein Verhalten von Menschen in Gruppen, bei dem die einzelnen Gruppenmitglieder nur deshalb eine kritische Meinung nicht äußern, weil sie sicher davon ausgehen, mit ihrem abweichenden Standpunkt allein dazustehen. In der Gruppe wird wiederum das Schweigen vor allem derjenigen Personen, die grundsätzlich als eher kritisch wahrgenommen werden, als Zustimmung gewertet. Hier hat natürlich die Angst ihre Finger im Spiel – und der Wunsch nach Zugehörigkeit zu einer Gruppe (In-group-Bias). Um diese Zugehörigkeit zu schützen, wird die eigene kritische Haltung unterdrückt. Wissenschaftler bezeichnen dieses Verhalten als „Stilles Abwägen", bei dem Menschen in einer Art innerer Hochrechnung das Risiko, aufgrund einer kritischen Äußerung von der Gruppe abgelehnt zu werden, der möglichen Gefahr für das Unternehmen gegenüberstellen. In der Regel entscheidet sich der Andersdenkende – wenn die Ablehnungsgefahr als sehr hoch eingeschätzt wird – dafür, seine kritische Meinung nicht zu äußern. Besonders auffällig ist dieses Verhalten in Unternehmen, in denen kritische Äußerungen durch das Management oder schlimmstenfalls durch den Chef selbst negativ gewertet werden. Denn der Subtext ist klar: Kritik nicht erwünscht!

In Kombination mit einem Phänomen, das Forscher „eskalierendes Commitment" nennen, kann eine Gesprächskultur, in der kritische Vorbehalte nicht geäußert werden dürfen, besonders schwerwiegende Folgen haben. Das eskalierende Commitment beschreibt den Umstand, dass Menschen – auf unbewusster Ebene – dazu neigen, einen einmal eingeschlagenen Kurs fortzusetzen, auch wenn dieses Vorgehen rational und faktisch kaum hergeleitet werden kann. Vor diesem Impuls sind übrigens auch kühl kalkulierende Manager nicht gefeit. Dieses irrationale Verhalten ist tief in uns Menschen verankert – egal ob im beruflichen oder privaten Kontext.[165]

Neues Lernen braucht einen Growth Mindset

Die Studie „Homeoffice und gesunde Hochleistung: Emotionsorientierte Führung als Schlüsselfaktor" aus 2023 ermittelte folgende Schlüsselkompetenzen für eine erfolgreiche Adaption während der Corona-Krise und der Umstellung auf Homeoffice-Arbeit: einen Growth Mindset, Resilienz und Technologieoffenheit. Führungskräfte und Mitarbeitende mit diesen Schlüsselkompetenzen zeigten bei der Arbeit im Homeoffice eine deutlich höhere Produktivität, Zufriedenheit und Erholung sowie ein gesteigertes Arbeitsengagement bei gleichzeitig signifikant geringerer Erschöpfung.[166]

Die Stanford-Professorin Carol Dweck hat in ihrer langjährigen, mehrfach prämierten Forschung herausgefunden, dass Menschen, die einen sogenannten Fixed Mindset, also eine statische Denk- und Handlungslogik haben, sich weniger stark ändern.[167] Sie glauben einfach nicht an die eigene Veränderbarkeit – und dieser Glaube lässt unverrückbare Berge entstehen. Weil diese Menschen sicher sind, dass sie sich selbst nicht verändern können, gehen sie natürlich auch davon aus, dass andere das ebenfalls nicht können. Kommen Ihnen Sätze wie „Ab 40 ändert man sich nicht mehr!" bekannt vor? Neurobiologisch wurde das Gegenteil bewiesen. Der Stammzellenforscher Gerd Kempermann und seine Kollegen konnten belegen, dass die Fähigkeit des menschlichen Gehirns zu Wachstum und Veränderung lebenslang erhalten bleibt.[168] Eine wachstumsorientierte Denk- und Handlungslogik, der sogenannte Growth Mindset, fördert laut Carol Dweck ein ganz anderes Denken und sorgt sogar nachweisbar für mehr Gehirnaktivität. Wenn Sie während des Lesens ganz kurz in sich gehen und überlegen, welcher der beiden Kategorien Sie sich eher zuordnen würden (auch das ist kontextspezifisch), dann ist das in beiden Fällen der Startpunkt für einen neuen Blick auf das Thema Veränderung, Lernen und Bildung.

Fazit: Auch wenn wir hier nur sehr oberflächlich auf neue Meta-Kompetenzen eingehen konnten, ist sicher deutlich geworden, dass vor allem selbstregulierende und selbstreflektierende Kompetenzen gefragt sind sowie ein neues Verständnis sowohl von Lernen und Persönlichkeitsentwicklung. Und unabhängig davon, wie bedrohlich Sie die aktuelle Umfeldverschiebung erleben – trainieren Sie (auch und gerade in Top-Managementteams) den Gebrauch Ihres kritischen Verstandes. Der kritische Diskurs ist sozusagen die halbe Miete, um angesichts komplexer Herausforderungen erfolgreich Entscheidungen zu treffen. Auf Teamebene unterstützt die Etablierung von psychologischer Sicherheit die Etablierung kritischer Diskurse.

SYSTEMISCHE TRANSFORMATIONSKOMPETENZ

Wir haben alle Chancen, um ein Wirtschaftswunder 2.0 zu initiieren.
– Roland Busch, CEO Siemens

„In den nächsten fünf Jahren wird sich unsere Industrie mehr verändern als in den vergangenen 50 Jahren insgesamt. Unsere Chancen, als Gewinner aus dieser Transformation hervorzugehen, stehen gut“, sagte VW- und Porsche-Chef Oliver Blume in einem Interview mit dem Manager Magazin. „Es ist wichtig, dass wir uns fokussieren und Tempo machen. Das ist eine Gemeinschaftsaufgabe von Wirtschaft, Politik und Gesellschaft.“

Er spricht die notwendige tiefgreifende Strukturveränderung an, und das als Vertreter einer der Branchen, die große Transformationsschmerzen erlebt, nicht nur im Kerngeschäft, sondern auch in der Peripherie, denn aktuell entlassen auch die Zulieferer Personal in Größenordnungen, die man sich noch vor einem Jahr nicht hätte vorstellen können. Besonders bemerkenswert an diesem Statement ist, dass es sich auf ein positives Ziel richtet und damit den Fokus auf eine erwünschte Zukunft richtet und nicht auf die Krisen oder in das in der Wirtschaft omnipräsente Politik-Bashing einstimmt. In der mehrfach erwähnten Studie zu den Auswirkungen der allgemeinen Krisenstimmung auf Unternehmen konnte nicht nur ermittelt werden, dass die Krisenstimmung im deutschen Unternehmensalltag angekommen, sondern auch, dass Zuversicht das Multitalent in der Krise ist. Der Zusammenhang ist klar: Die Krisenstimmung, der permanente Streit der Politiker und deren öffentlichkeitswirksame Abwertung seitens großer Teile der Wirtschaft führen zu einer verstärkten Angst im Land – und schlagen sich natürlich auch im Konsumrückgang nieder. In der Krise wird gespart. Wer die deutsche Wirtschaft erfolgreich durch die Strukturkrise begleiten und erfolgreich transformieren möchte, sollte ab sofort mit dem undifferenzierten gegenseitigen Abwerten aufhören, wie sie die Opposition, Teile der Regierung und viele Wirtschaftsvertreter betreiben, und zu sachlichen Diskussionen zurückkehren. So wie das Verhalten der Mitarbeitenden ein Spiegel der Verhältnisse und der Führung ist, spiegelt die Krisenstimmung in Deutschland das Verhalten diverser Politikerinnen und Politiker sowie von einigen prominenten Wirtschaftsvertreterinnen und -vertretern wider. Wie man in den Wald der Gesellschaft hineinruft, so schallt es heraus.

Zuversicht als neue Management- und Führungsaufgabe

> *Fragt man CEO-Berater Klaus Schweinsberg nach dem aus seiner Sicht größten Fehler von Führungskräften in Transformationen, antwortet er: „Der Wunsch, sich alles schönzureden."*

Also muss es etwas geben zwischen der ständigen Abwertung und dem Schönreden: Und das ist die Zuversicht. Wir machen es kurz und verweisen auf bisherige Ausführungen: Zuversicht ist ein Tun! Basierend auf einem klaren (auch kritischen!) Blick auf die Herausforderungen, entsteht Zuversicht in der Entwicklung von Handlungsoptionen. Zuversicht hat einen Selbstwirksamkeitsanteil, der aber nur dann aktiviert wird, wenn es die Überzeugung gibt, dass die Handlungsoptionen greifen könnten. Wenn sich der Plan allerdings auf Restrukturierungsmaßnahmen und die Hoffnung auf eine „harte Hand" beschränkt, dann kann man leider nur zuversichtlich sein, dass dieser Prozess zunächst zwar ein Erfolg und der finanzielle Engpass abgewendet wird (was jedoch laut Studien in nur ca. 30 % der Fall ist). Aber Zuversicht in Bezug auf die Zukunft kann ein solcher Prozess keinesfalls bieten. Das ist es aber, was die deutsche Wirtschaft braucht, um künftig (wieder) in die oberen Ränge der Wettbewerbsfähigkeit aufzusteigen – auch im Interesse unserer Gesellschaft. Vor dem Hintergrund des Klimawandels kann eine zuversichtliche Dynamik aber nur dann entstehen, wenn die deutsche Wirtschaft die Klimaneutralität – die größte Herausforderung überhaupt – konsequent mitdenkt und ihre Unternehmen insgesamt resilient aufstellt.

Vergessen Sie die lineare Steuerung

Organisationen sind soziale Systeme und nicht linear steuerbar, und deswegen kann der Weg in resiliente Organisationen auch nicht als Blaupause beschrieben werden. Der überwiegende Teil der Transformationsprozesse scheiterte bislang auch, weil sie zu mechanistisch geplant waren, in der Überzeugung, dass Veränderung zentral gesteuert werden könnte.

Dass unser Gehirn immer wieder auf alte Erfahrungen zurückgreift, haben wir bereits erläutert. Werden Organisationsmitglieder, gleich welcher Ebene, mit Change-, Veränderungs- oder Transformationsimpulsen konfrontiert, ist also die Wahrscheinlichkeit groß, dass bei ihnen negative Assoziationen geweckt werden und sie – zumindest auf unwillkürlicher Ebene – einem Weg-vom-Change-Impuls nachgeben. Daher muss ein neuer Prozess einen relevanten Unterschied zu bisherigen Prozessen machen, um diese Hürden zu umschiffen – womit die Veränderungshistorie der Unternehmen eine hohe Relevanz erhält. Veränderung ist das Ergebnis von Unterschiedsbildung zur erlebten Vergangenheit.

> *Wir haben in Deutschland eine wache, starke, grundsolidarische Mehrheit von Menschen, die ihre eigene Zukunft positiv gestalten möchte.*
>
> *– Dr. Sigrid Nikutta, Vorstandsvorsitzende DB Cargo AG*

Es gilt, diese grundsolidarische Mehrheit von Menschen zu *gewinnen* (was bei Top-down-Ansagen nicht möglich ist!), sodass sie Mitverantwortung übernehmen für die Entwicklung der Unternehmen der Zukunft. Denn Veränderungskraft kommt nicht aus der Vergangenheit, sondern aus der zu entwickelnden Zukunft! Menschen gehen von A nach B, weil B attraktiv ist, und nicht per se, weil A vielleicht nicht gut läuft – vor allem, weil sie sich schnell an Zustände gewöhnen.

Unsere Prinzipien für erfolgreiche Veränderung lauten:

- Lassen Sie die Problemanalysen weg und konzentrieren Sie sich auf die gemeinsame Entwicklung eines Zukunftsbildes Ihrer resilienten, starken Organisation. Nutzen Sie eine Organisationsdiagnostik, die die Potenziale wissenschaftsbasiert ermittelt, um den Startpunkt zu erfassen (und später Erfolge messen zu können).
- Unterscheiden Sie zwischen Symptom und Ursache ebenso wie zwischen Systemoptimierung und Systemüberwindung. Das Toyota-System beispielsweise hat vorrangig eine Verbesserungs- und Optimierungsstrategie und fragt: „Kannst du das, was du tust, nicht auch besser machen?" Systemüberwindung bedeutet also: „Geht es *anders* nicht viel besser?"[169]
- Die Zukunftsvision A muss auf ein Blatt Papier passen und so erklärbar sein, dass sie leicht zu verstehen ist, um dann in Resonanzrunden mit den Teams verdichtet zu werden. Achtung: Hier gilt es einen Unterschied zu machen zur bisherigen Pseudopartizipation!
- Schaffen Sie eine hohe Transparenz im eigenen Management- und Führungsverhalten. Und rechnen Sie mit (Verlust-)Ängsten bei Ihrer Führungsmannschaft. Alles muss auf den Tisch, und kritisches Denken und Hinterfragen ist spätestens seit heute erwünscht.

- Setzen Sie qualitative (!) Wegmarken, an denen gemeinsam anhand von zirkulären Fragen reflektiert werden kann, ob Sie alle richtig unterwegs sind („Woran merken wir, dass ...?/ Woran merken unsere Kunden, dass ...?/Woran ...?") und lassen Sie die Korken knallen, wenn Sie diese Wegmarken erreichen.
- Planen Sie Ressourcen ein für die Transformation. Das geht nicht unterm rollenden Rad!
- Fokussieren Sie auf Gelingendes, auf Ihre Ressourcen und Kompetenzen in der Organisation. Kommen Sie durch Hartnäckigkeit, Entschlossenheit und Klarheit hinter die „Das geht bei uns nicht, weil ..."-Barriere.

Insgesamt gilt für Transformationsprozesse und für die Bewältigung von Krisen dasselbe: Es braucht ein Gefühl der Kohärenz – ein Begriff, den Aaron Antonovsky für sein salutogenetisches Modell der Gesunderhaltung entwickelte und der auf Transformationen grundsätzlich übertragbar ist. Kohärenz entsteht, wenn sich folgende Faktoren gegenseitig verstärken:

- Das Gefühl von Verstehbarkeit: Die Anforderungen sind erklärbar, vorhersehbar und strukturiert.
- Das Gefühl von Sinnhaftigkeit: Die Organisationsmitglieder spüren, dass die Herausforderungen der Transformation ihres Unternehmens das Engagement und die Investition verdienen.
- Das Gefühl der Wirksamkeit: Die einzelnen Organisationsmitglieder, aber auch die Teams können auf Ressourcen zurückgreifen, um mit den Anforderungen umzugehen.

Eine resiliente Organisation sollte sich daher systematisch um Verstehbarkeit, Sinnhaftigkeit (das Wofür der Transformation) und Handhabbarkeit bemühen, um ein hohes Maß an Stabilität und Orientierung bieten zu können. Denn auch wenn es Ihnen seltsam vorkommt: Veränderung braucht Stabilität. Generieren Sie diese, indem Sie die oben genannten Prinzipien berücksichtigen und zu echtem Dialog und gemeinsamer Gestaltung bereit sind.

Und woran merken Sie, dass Sie gut unterwegs sind? Fragen Sie Ihre Leute! Reden Sie mit ihnen!

Wir werden gestärkt aus den wirtschaftlich *schwierigen Zeiten* hervorgehen, wenn wir als *Gesellschaft* offen über die *Herausforderungen* diskutieren und dann die *notwendigen Reformen* mutig und entschlossen *umsetzen*.

– Sabine Kohleisen,

Vorständin Mercedes-Benz AG

4. AUSBLICK

Alles Leben ist Problemlösen.

– Karl R. Popper, österreichisch-britischer Philosoph

Wir haben die Frage, wie Unternehmen unter den neuen Umfeldbedingungen die Gleichzeitigkeit von situativer Krisenbewältigung und *Future Transformation* in eine resiliente Organisation gelingt, schwerpunktmäßig aus (organisations-)psychologischen und systemtheoretischen Perspektiven betrachtet. Eingeflossen sind über 20 Jahre Erfahrung in der Transformationsbegleitung und der Organisationsdiagnostik sowie Aspekte aus der unternehmerischen Praxis.

Es ist die elementare Frage neuer Unternehmensführung, welcher Weg nun einzuschlagen ist. In Krisen entstehen Möglichkeiten-Zeitfenster, Chancen für etwas Neues oder eben den Rückfall in die Vergangenheit. Die Corona-Pandemie hat gezeigt, dass gerade in Krisenzeiten die Intelligenz und das Engagement *aller* gefragt ist, um die Herausforderungen zu bewältigen, Produktivität auch unter schwierigen Bedingungen zu sichern und Effizienz herzustellen. Wenn schon eine herkömmliche Krise bedeutet, dass alte Lösungen nicht mehr greifen, dann gilt das umso mehr für Polykrisen und dauerhaft veränderte Umfeldbedingungen, auf die es – da sie ein Novum sind – naturgemäß noch keine erprobten Antworten geben kann.

Bislang wurde Neues Arbeiten zu stark in der Wohlfühlecke verortet, was ihren produktivitätsfördernden Wert konterkariert. Diesen haben wir in Kapitel 2 mit der Darstellung von Wertschöpfungs- und Produktivitätspotenzialen über die dezentrale Gestaltung des Organisationsdesigns, Empowerment-orientierte Führung, Diversität, Flexibilisierung, Fokussierung und konzentriertes Arbeiten, Gemeinwohlorientierung und nachhaltiges Wirtschaften wissenschaftlich hergeleitet. Alle diese Dimensionen tragen immense Potenziale für Unternehmen in sich und ja, sie machen auch die Organisationsmitglieder (zumeist) arbeitsbezogen zufriedener, wobei die Zufriedenheit weder Zweck dieser Maßnahmen ist – noch ist sie der Zweck von Unternehmen. Die Zufriedenheit der Menschen ist vielmehr ein möglicher *Effekt*, die *Folge* von Wirksamkeits- und Kompetenzerleben – und das wiederum ist Basis für Wertschöpfung der Unternehmen. Das ist Neues Arbeiten!

Die größte Herausforderung ist es, etablierte Manager und Managerinnen, aber auch Unternehmerinnen und Unternehmer dafür zu gewinnen, die gewohnten Bahnen zurückliegender Erfolge zu verlassen und sich einer transdisziplinären Perspektive zu öffnen, zu der ihre eigene Disziplin, die Betriebs- und Volkswirtschaft, aber ebenso die Psychologie, Systemtheorie und die Organisationssoziologie gehören, basierend auf validen wissenschaftlichen Erkenntnissen. Im Vorwort wurde durch die Thematisierung des Streitgesprächs zwischen Michael Hüther und Lasse Rheingans ja deutlich, welche Wirklichkeiten bei der Frage, wie die deutsche Wirtschaft zukunftsfähig aufgestellt werden soll, aufeinanderprallen. Im Gegeneinander werden wir das nicht auflösen, sondern nur im Diskurs, was eine wechselseitige Öffnung für Argumente und wissenschaftliche Erkenntnisse voraussetzt. Die Studie über die Krisenstimmung und ihre Auswirkungen auf Unternehmen zeigt auf, wie nah die deutsche Wirtschaft davor steht, zurückzufallen in – aus psychologischer Perspektive betrachtet – innovationsfeindliche Top-down-Führung. Nur weil Neues Arbeiten an vielen Stellen falsch interpretiert wurde, bedeutet es nicht, dass der autoritäre Weg der richtigere ist. Wir müssen es wie Edison machen: dranbleiben!

„Nicht die Bedingungen, die Verunsicherung ist Deutschlands größtes Problem", wie es Julian Olk im Handelsblatt auf den Punkt bringt. Wir können in der Führung und Begleitung von Unternehmen die psychologischen und soziologischen Disziplinen nicht mehr außer Acht lassen – nicht in Zeiten fortgesetzter Krisen. Es ist nicht länger eine Frage nur für die HR-Bereiche der Unternehmen, die man viele Jahre – aus geschäftsstrategischer Perspektive – ihrem Nischendasein überlassen hat, sondern eine Frage von Unternehmensführung in ungewissen Zeiten. Fokussierte Transformationsprozesse benötigen – um in komplexer Umgebung erfolgreich zu sein – eine Organisationsdiagnostik, die eine datengetriebene, agile Vorgehensweise ermöglicht. Des Weiteren kann es keine Strategieentwicklung ohne eine integrierte psychologische und organisationsentwickelnde Perspektive geben, keine stabilen Krisenlenker ohne Kenntnis und Reflexion der eigenen psychologischen Grundkonstitution und Persönlichkeitsmerkmale.

Wie kommen wir jetzt weiter? Es braucht *jetzt* die gemeinsame Erzählung von Unternehmen und Politik, die Zuversicht verbreitet, weil es einen (jetzt zu entwickelnden) Plan gibt, der die ökosoziologischen und die unternehmerischen Fragen beantwortet. Zuversicht, das zeigt die Studie über Krisenstimmung und ihre Auswirkungen deutlich, ist das Multitalent in der Krise, das wir alle brauchen. Zuversicht bedeutet, schonungslos zu analysieren, welchen Herausforderungen sich die deutsche Wirtschaft stellen muss, dies betonen auch die Mercedes-Vorständin Sabine Kohleisen und VW-Chef Oliver Blume, und einen offenen Diskurs darüber, wie das gelingen kann. Wir sollten vor der Pluralität keine Angst haben, denn diese ist nicht zuletzt das Zeichen einer lebendigen Demokratie.

Zuversicht angesichts von Unsicherheit und kritischen Prognosen ist also keineswegs naiv, sondern der einzige Weg, weil sie auf einem nach vorn gerichteten Plan basiert, um positiven Einfluss nehmen zu können auf die Entwicklung unserer Zukunft. Und das ist die zu vermittelnde Kernbotschaft – jenseits jeder Schönfärberei.

Wenn man Zeilen von Wirtschaftsvertretern liest wie „Es geht darum, Geborgenheit in der Ungewissheit" zu schaffen, dann ist das zumindest aus psychologischer Sicht eine falsche und fatale Annahme. Denn die Menschen haben längst verstanden, dass es eine Krise größeren Ausmaßes gibt, genau deswegen halten sie nämlich ihr Geld zusammen. Sie brauchen, wir wiederholen es noch einmal, einen Plan – und sie müssen ihn verstehen und dann selbstwirksam etwas tun können. Geborgenheit hieße, darauf zu vertrauen, dass es jemand anderes richtet. Genau dieses Vertrauen ist verloren gegangen (siehe Studienergebnisse des Rheingold Instituts). Zuversicht ist kein „Es wird schon gut gehen!" und auch kein Hoffen, sondern ein Tun. Wegen der ausbleibenden Transformationen auf die Politik und die Bürokratie zu schimpfen, ohne seine eigenen Hausaufgaben zu machen, schafft nur – unabhängig davon, wie berechtigt es sein mag – Unsicherheit, vertieft die Krisenstimmung und lässt deutsche Unternehmen im internationalen Wettbewerb noch weiter zurückfallen.

Alle Chancen sind da, wir müssen sie nur ergreifen. Denn Deutschland ist ein großartiges Land mit sehr vielen sehr klugen Menschen und Möglichkeiten. Zeit für Gestalterinnen und Gestalter! Sind Sie an Bord?

ANHANG: FRAMEWORK RESILIENTE ORGANISATION

Unser anwendungsorientiertes Framework zur Etablierung organisationaler Resilienz basiert auf einem systemisch-evolutionärem Verständnis von Transformation. Die sechs Dimensionen sind als auszuformende Prinzipien zu verstehen, die je nach Kontext und Wertschöpfungsart unterschiedlich zu interpretieren sind. Das Framework erhebt nicht den Anspruch auf Vollständigkeit, sondern ist als strukturierter Diskurs- und Entwicklungsrahmen zu verstehen.

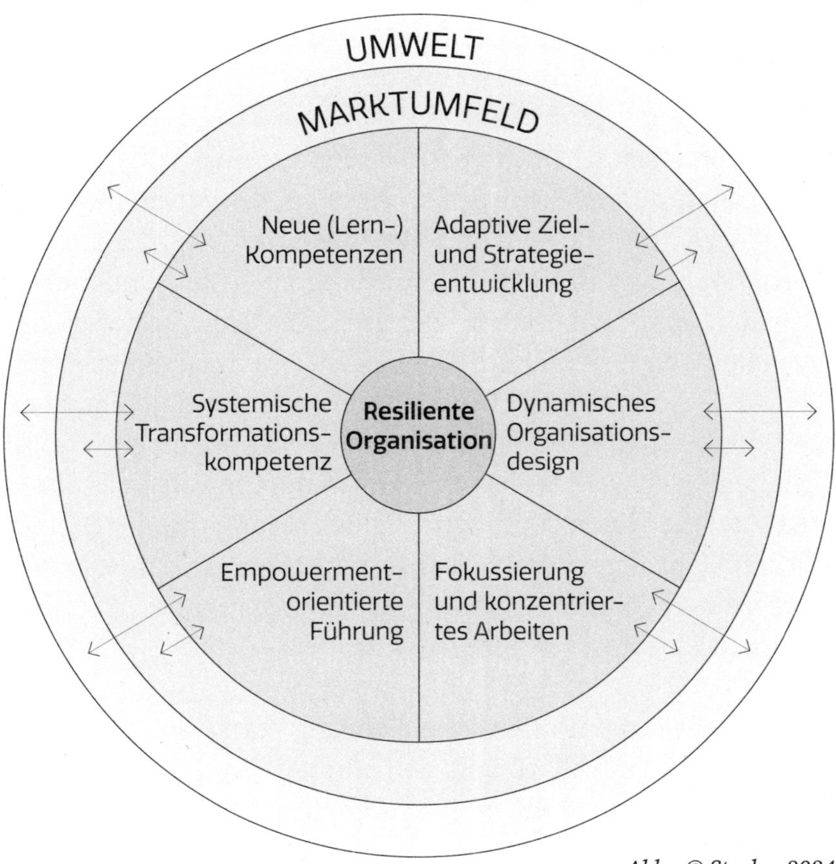

Abb.: © Starker 2024

In einem volatilen und von Polykrisen geprägten Umfeld stehen **Ziel- und Strategieentwicklung** in einem kontinuierlichen Resonanzverhältnis zum Marktumfeld, aber auch zur relevanten biologischen Umwelt. Es geht nicht um permanente Richtungswechsel, die gerade bei längeren Investitions-Zyklen kaum möglich wären, sondern um eine kontinuierliche evolutionäre Anpassung an sich verändernde Gegebenheiten, die über Trends hinausgehen. Die Ziel- und Strategie-Überprüfung sollte in deutlich kürzeren Zyklen erfolgen als bislang, und die Ziele sollten nicht primär auf den eingetretenen Erreichungsgrad, sondern auf eingetretene Wirkung hin geprüft werden.

Die **dynamische Organisation** steuert die operative Wertschöpfung dezentral, sodass ein kontinuierliches Resonanzverhältnis zum Marktumfeld aufgebaut wird. Die dynamische Organisation tariert zwangsläufig und kontinuierlich zentrale Vorgaben mit dezentraler Verantwortung aus, denn sie verfügt über grundlegende zentrale Regeln und Routinen, um der dezentralen Wertschöpfung ausreichend Entlastung zu bieten und sicherzustellen, dass insbesondere bei größeren Organisationen das Erreichen von dezentralen Einzelzielen in ein Gesamtziel einfließt. Es ist die Aufgabe des Managements, zentrale Vorgaben nach der Maßgabe „so viel wie nötig, so wenig wie möglich" so zu gestalten, dass sie die dezentrale Wertschöpfung enabeln, ihren Fokus auf die Wertschöpfung zu richten. Die Wirksamkeit eines solchen Managements lässt sich ausschließlich an der Resonanz der dezentral Verantwortlichen und der eingetretenen Wirksamkeit im Marktumfeld messen.

Eine **Empowerment-orientierte Führung** stärkt die dezentrale Wertschöpfungsstruktur und den Aufbau psychologischer Sicherheit. Führung steht in einem kontinuierlichen Resonanzverhältnis zur dynamischen Organisation und arbeitet daher beständig im naturgemäß auftretenden Spannungsverhältnis zwischen zentraler und dezentraler Organisation.

Fokussierung und konzentriertes Arbeiten sind in einem volatilen Umfeld mit hoher Informationsdichte der einzige Weg, um die Aufmerksamkeit wirksam zu steuern. Das betrifft sowohl die Frage, worauf sich die Organisation (im Außen wie im Innen) fokussiert, als auch, worauf sich Führung und die einzelnen Teams fokussieren. Die zusätzliche systematische und systemische Einführung von konzentriertem Arbeiten ermöglicht trotz Informationsdichte eine hohe Qualität und entlastet gleichzeitig von Stress und Erschöpfung.

Lernen ist die elementare Kernkompetenz in dynamischer Umgebung und mehrdimensional zu verstehen, und zwar als organisationales Lernen, Teamlernen und individuelles Lernen. Der Paradigmenwechsel der Fokussierung von linearer Zielerreichung auf eingetretene Wirksamkeit ermöglicht eine evolutionär-adaptive Anpassung, die zur Stabilisierung der Organisation wieder in Routine überführt wird.

Systemische Transformationskompetenz entsteht, wenn die Organisationsmitglieder, allen voran Management und Führungskräfte, lernen, zirkulär und in Auswirkungen zu denken, um der Komplexität von Transformationsprozessen Rechnung zu tragen. Das Systemdenken, wie es auch Peter Senge als Teil des Modells der lernenden Organisation als fünfte Disziplin etabliert, ersetzt das bisherige von Linearität geprägte Denken und Handeln.

LITERATURVERZEICHNIS

Azhar, Azeem (2022): Exponential – Wie wir mit der Geschwindigkeit technologischer Revolutionen Schritt halten können. Plassen Verlag, Kulmbach

Badura, Bernhard/ Schellschmidt, Henner/ Vetter, Christian (2005): Fehlzeiten-Report – Arbeitsplatzunsicherheit und Gesundheit. Springer, Heidelberg

Bargh, John (2022): Vor dem Denken – Wie das Unbewusste uns steuert. Droemer, München

Batthyány, Alexander (2017): Die Überwindung der Gleichgültigkeit – Sinnfindung in einer Welt des Wandels. Kösel, München

Bauer, Joachim (2008): Prinzip Menschlichkeit – Warum wir von Natur aus kooperieren. 10. Auflage, Heyne, München

Bauer, Joachim (2010): Das kooperative Gen – Evolution als kreativer Prozess. 3. Auflage, Heyne, München

Bauer, Joachim (2015): Selbststeuerung – Die Wiederentdeckung des freien Willens. Blessing, München

Bleckedel, Jan (2022): Systemische Zuversicht – Wie wir die Herausforderungen unserer Zeit annehmen und gemeinsam zuversichtlich bleiben könn(t)en. Kontext, Göttingen

Boes, Stefan (2022): Zeitwohlstand für alle – Wie wir endlich tun, was uns wirklich wichtig ist. 4. Auflage, Perspective Daily, Münster

Bregman, Rutger (2019): Utopien für Realisten – Die Zeit ist reif für die 15-Stunden-Woche, offene Grenzen und das bedingungslose Grundeinkommen. 21. Auflage, Rowohlt, Leipzig

Busch, Volker (2021): Kopf frei! – Wie Sie Klarheit, Konzentration und Kreativität gewinnen. Droemer, München

Dobelli, Rolf (2021): Die Kunst des klaren Denkens – Piper, München

Duhigg, Charles (2013): Die Macht der Gewohnheit – Warum wir tun, was wir tun. 4. Auflage, Piper, München

Dürr, Hans-Peter/ Ceming, Katharina/ Brodbeck, Karl-Heinz/ von Meibom, Barbara/ Welzer, Harald (2018): Verbundenheit – Warum wir ein neues Weltbild brauchen. 2. aktual. Auflage, Hogrefe, Göttingen

Dweck, Carol (2017): Selbstbild – Wie unser Denken Erfolge oder Niederlagen bewirkt. Piper, München

Edmondson, Amy (2020): Die angstfreie Organisation – Vahlen, München

Esmailzadeh, Annahita/ Meier, Yael/ Birkner, Stephanie/ de Gruyter, Julius/ Schwiezer, Hauke/ Dietrich, Jo (2022): Gen Z – Für Entscheider:innen. Campus, München

Esmailzadeh, Annahita (2023): Von Quotenfrauen und alten weißen Männern – Schluss mit Vorurteilen in der Arbeitswelt! Campus, Frankfurt am Main

Fabritius, Friederike (2022): Flow @ Work, Campus, München

Faschingbauer, Michael (2021): Effectuation – Wie erfolgreiche Unternehmer denken, entscheiden und handeln. 4. Auflage, Schäffer-Poeschel, Stuttgart

Fried, Jason/ Heinemeier Hansson, David (2010): Rework – Business intelligent & einfach. Riemann Verlag, München

Frankl, Viktor (2016): Der Wille zum Sinn. 7. Auflage, Hogrefe, Göttingen

Gehirn & Geist (2024): Resilienz. Spektrum der Wissenschaft, Heidelberg

Gigerenzer, Gerd (2022): Risiko – Wie man die richtigen Entscheidungen trifft. 3. Auflage, Pantheon, München

Göpel, Maja (2020): Unsere Welt neu denken – Eine Einladung. 19. Auflage, Ullstein, Berlin

Grawe, Klaus (2004): Neuropsychotherapie. Hogrefe, Göttingen

Horx, Matthias (2021): Die Hoffnung nach der Krise – Wohin die Welt jetzt geht oder Wie Zukunft sich immer wieder neu erfindet. Econ, Berlin

Horx, Matthias (2019): 5½ Regeln für die Zukunft – Anleitung zum visionären Leben. Gebundene Ausgabe. Econ, Berlin

Horx, Matthias (2011): Das Buch des Wandels – Wie Menschen Zukunft gestalten. Pantheon, München

Horx, Matthias (2009): Anleitung zum Zukunftsoptimismus – Warum die Welt nicht schlechter wird. Piper, München

Hüther, Gerald (2008): Die Macht der inneren Bilder – Wie Visionen das Gehirn, den Menschen und die Welt verändern. 4. Auflage, Vandenhoeck & Ruprecht, Göttingen

Hüther, Gerald (2016): Biologie der Angst – Wie aus Stress Gefühle werden. 13. Auflage, Vandenhoeck & Ruprecht, Göttingen

Jessl, Randolf/ Wilhelm, Thomas (2023): Shared Leadership – Zu mehr Engagement und besseren Ergebnissen dank geteilter Führung. Haufe, Freiburg

Junker, Stefan (2018): Krise – Hirn an – Klar denken und handeln bei trüben Aussichten. Books on Demand, Norderstedt

Kahnemann, Daniel (2016): Schnelles Denken, langsames Denken. 27. Auflage, Siedler, München

Kahneman, Daniel/ Sibony, Olivier/ Sunstein, Cass R. (2021): Noise – Was unsere Entscheidungen verzerrt und wie wir sie verbessern können. Siedler, München

Kilubi, Irène (2024): Du bist mehr als eine Zahl – Warum das Alter keine Rolle spielt. Murmann, Hamburg

Kruse, Peter (2004): next practice – Erfolgreiches Management von Instabilität. 5. Auflage, Gabal, Offenbach

Laloux, Frederic (2017): Reinventing Organizations – Ein illustrierter Leitfaden sinnstiftender Formen der Zusammenarbeit. Vahlen, München

Levitin, Daniel (2015): The Organized Mind – Thinking Straight in the Age of Information Overload. Penguin, München

Markowetz, Alexander (2015): Digitaler Burnout – Warum unsere permanente Smartphone-Nutzung gefährlich ist. Droemer, München

Matthiesen, Kai/ Muster, Judith/ Laudenbach, Peter (2022): Die Humanisierung der Organisation – Wie man dem Menschen gerecht wird, indem man den Großteil seines Wesens ignoriert. Vahlen, München

Mierke, Katja/ van Amern, Elsa (2018): Klare Ziele, klare Grenzen – Teamorientiert Nein-Sagen und Delegieren in der Arbeitswelt 4.0. Springer Gabler, Heidelberg

Nassehi, Armin (2024): Kritik der großen Geste – Anders über gesellschaftliche Transformation nachdenken. C.H. Beck, München

Newport, Cal (2019): Konzentriert arbeiten – Regeln für eine Welt voller Ablenkungen. 3. Auflage, Redline, München

Pfläging, Niels (2015): Organisation für Komplexität – Wie Arbeit wieder lebendig wird und Höchstleistung entsteht. 2. Auflage, Redline, München

Precht, Richard David (2022): Freiheit für alle – Das Ende der Arbeit, wie wir sie kennen. Goldmann, München

Renn, Ortwin (2014): Das Risikoparadox – Warum wir uns vor dem Falschen fürchten. 3. Auflage, Fischer, Frankfurt am Main

Rheingans, Lasse (2019): Die 5-Stunden-Revolution – Wer Erfolg will, muss Arbeit neu denken. Campus, München

Riel, Jennifer/ Martin, Roger L. (2019): Gute Entscheidungen – Eine Anleitung Zum Integrativen Denken Für Führungskräfte. Wiley, Hoboken, New Jersey

Robertson, Brian J. (2016): Holacracy – Ein revolutionäres Management-System für eine volatile Welt. Vahlen, München

Rosa, Hartmut (2019): Resonanz. 7. Auflage, Suhrkamp, Berlin

Rosling, Hans/ Rosling, Anna (2021): Factfulness – Wie wir lernen, die Welt so zu sehen, wie sie wirklich ist. 11. Auflage, Ullstein, Berlin

Roth, Gerhard (1996): Das Gehirn und seine Wirklichkeit – Kognitive Neurobiologie und ihre philosophischen Konsequenzen. 11. Auflage, Suhrkamp, Berlin

Rusinek, Hans (2023): Work Survive Balance – Warum die Zukunft der Arbeit die Zukunft unserer Erde ist. Herder, Freiburg im Breisgau

Sahakian, Barbara J./ LaBuzetta, Jamie Nicole (2013): Bad Moves – How decision making goes wrong, and the ethics of smart drugs. University Press, Oxford

Schermuly, Carsten C. (2016): New Work – Gute Arbeit gestalten. Psychologisches Empowerment von Mitarbeitern. Haufe, Freiburg

Schnabel, Ulrich (2021): Zuversicht – Die Kraft der inneren Freiheit und warum sie heute wichtiger ist denn je. 4. Auflage, Blessing, München

Senge, Peter M. (2011): Die fünfte Disziplin – Kunst und Praxis der lernenden Organisation. 11. Auflage, Klett-Cotta, Stuttgart

Starker, Vera (2019): Most Wanted – Chef der Zunkunft m/w/d. Über den Wandel der Chef-Rolle in einer digitalisierten Welt. Rossberg Verlag, Berlin

Starker, Vera/ Schneider, Matthias (2020): Endlich wieder konzentriert arbeiten! – Wertschöpfung im digitalen Zeitalter wirklich, wirklich neu denken. Rossberg Verlag, Berlin

Starker, Vera/ Peschke, Tilman (2021): Hypnosystemische Perspektiven im Change Management – Veränderung steuern in einer volatilen, komplexen und widersprüchlichen Welt. 2. Auflage, Springer Gabler, Heidelberg

Starker, Vera (2021): Ich war noch niemals in New Work – Ameise Ada und ihre Vision vom agilen Ameisenhaufen. Rossberg Verlag, Berlin

Starker, Vera/ Gaida, Roman (2022): New Work in der Industrie – Wie wir die digital-kulturelle Transformation meistern! Rossberg Verlag, Berlin

Starker, Vera/ Thies, David-Ruben/ Frommelt, Mona (2022): New Work in der Medizin – Wie uns die Utopie gelingen kann! Rossberg Verlag, Berlin

Starker, Vera/ Hoop, Jette (2024): New Work in der Architektur – Entwurf einer Arbeitswelt im Wandel. Rossberg Verlag, Berlin

Starker, Vera/ Roos, Katharina (2024): Mut zur Zuversicht – Wie uns in Zeiten globaler Krisen eine aktive Zukunftsgestaltung gelingt. Remote, Fort Lauderdale

Urner, Maren (2019): Schluss mit dem täglichen Weltuntergang – Wie wir uns gegen die digitale Vermüllung unserer Gehirne wehren. Droemer, München

Von Dewitz, Antje (2020): Mut steht uns gut! – Nachhaltig, menschlich, fair – mit Haltung zum Erfolg. Beneveto, München

Von Gehlen, Dirk (2018): Das Pragmatismus-Prinzip – 10 Gründe für einen gelassenen Umgang mit dem Neuen. Piper, München

Von Schlippe, Arist (2022): Das Karussell der Empörung – Konflikteskalation verstehen und begrenzen. Vandenhoeck & Ruprecht, Göttingen
Wallner, Heinz Peter (2017): Fokus Self-Leadership – Gesunde und wirkungsvolle Selbstführung in Zeiten hoher Komplexität. Edition Summerhill, St. Margarethen/Raab
Watzlawick, Paul/ Beavin, Janet/ Jackson, Don (2017): Menschliche Kommunikation. 13. Auflag, Hogrefe, Bern
Weichselbaum, Ernst (2020): In jedem Unternehmen steckt ein besseres – Zeitorientierte Betriebswirtschaft mit dem Weichselbaum-System. Vahlen, München
Welzer, Harald (2015): Selbst denken – Eine Anleitung zum Widerstand. 6. Auflage, Fischer, Frankfurt am Main
Welzer, Harald (2020): Alles könnte anders sein – Eine Gesellschaftsutopie für freie Menschen. Fischer, Frankfurt am Main
Welzer, Harald (2021): Nachruf auf mich selbst – Die Kultur des Aufhörens. 6. Auflage, Fischer, Frankfurt am Main

ONLINE-QUELLEN

Allianz der Chancen (2022): Von Arbeit in Arbeit. Positionspapier der Allianz der Chancen. Stand 21. März 2022
Anderl, Sybille/ Schnabel, Ulrich (2024): Ganz schön wackelig. DIE ZEIT Nr. 6, Hamburg
Buckingham, Markus (2022): Lieben Sie Ihre Arbeit?. In: Harvard Business Manager 2022, 44. Jahrgang Heft Juli 2022
Busch, Volker (2023): Kopfsache – Stress wird mitunter überschätzt! *drvolkerbusch.de/kopfsache-stress-wird-haeufig-ueberschaetzt/*, 06.03.2024
DAK (2023): Psychreport 2023 – Entwicklungen der psychischen Erkrankungen im Job. *caas.content.dak.de/caas/v1/media/48306/data/19716bbb8caa8adefdec3f255ed176aa/230223-download-report-psychisch-bedingten-fehltagen.pdf*, 06.03.2024

De Luca, Susann (2024): Schlagzeilen-Burnout – Das Phänomen Nachrichtenvermeidung. MDR. *www.mdr.de/medien360g/medienwissen/schlagzeilen-burnout-das-phaenomen-nachrichtenvermeidung-100.html,* 07.03.2024

DER SPIEGEL (2022): Die Deutschen haben immer weniger Lust zu arbeiten. *https://www.spiegel.de/wirtschaft/work-life-balance-die-deutschen-haben-immer-weniger-lust-zu-arbeiten-a-7c159c6d-84fe-4237-8407-06fe7392f461,* 31.07.2024

Dess, Nancy (2000): Tend and Befriend. *www.psychologytoday.com/us/articles/200009/tend-and-befriend,* 06.03.2024

Destasis (2024): Gender Care Gap 2022 – Frauen leisten 43,8 % mehr unbezahlte Arbeit als Männer. *www.destatis.de/DE/Presse/Pressemitteilungen/2024/02/PD24_073_63991.html,* 06.03.2024

Edmondson, Amy (2015): Das Team ist tot – es lebe das Teaming. In: managerSeminare Heft 212, November 2015

Eidenschink, Klaus/ Merkes, Ulrich (2022): Die gefahrenkompetente Organisation. In: managerSeminare Heft 293, August 2022

Ewert, Katrin (2023): Gewohnheiten – Hirnforschung. Planet Wissen, *www.planet-wissen.de/gesellschaft/psychologie/gewohnheiten/gewohnheiten-hirnforschung-100.html,* 07.03.2024

Hamel, Gary (2020): Mission: Management 2.0. Harvard Business Manager online. *https://www.manager-magazin.de/hbm/management/unternehmensfuehrung-25-herausforderungen-an-modernes-management-a-00000000-0002-0001-0000-000064530892,* 31.07.2024

Handelsblatt (2024): Autoritäre Führung gefährdet Transformation. *https://www.handelsblatt.com/meinung/gastbeitraege/leadership-autoritaere-fuehrung-gefaehrdet-transformation/100053028.html/,* 31.07.2024

Handelsblatt (2024): Schwere Zeiten, starke Männer? – Die riskante Sehnsucht nach der harten Hand. *https://www.handelsblatt.com/unternehmen/management/leadership-schwere-zeiten-starke-maenner-die-riskante-sehnsucht-nach-der-harten-hand/100019742.html,* 31.07.2024

Handelsblatt Change Handbook (2024): *https://www.handelsblatt.com/downloads/29903274/4/handbook-change.pdf,* 31.07.2024

Harvard Business Manager (2024): Wie Sie durch schlechte Zeiten führen. *https://www.manager-magazin.de/hbm/krisenmanagement-wie-sie-durch-schlechte-zeiten-fuehren-a-12068a7d-0d28-446e-9c37-8b07a9f014ff*, 31.07.2024

Harvard Business Manager (2024): Autoritäre Führung ist die falsche Pille. *https://www.manager-magazin.de/hbm/fuehrung/unternehmen-in-der-krise-autoritaere-fuehrung-ist-die-falsche-pille-a-90bd6804-3261-4bb0-83ac-7ee92cd99a23*, 31.07.2024

Horx, Matthias (2016): Die Pflicht zur Zuversicht. *https://www.horx.com/schluesseltexte/die-pflicht-zur-zuversicht/*, 08.03.2024

IAG (2021): Zoom-Fatigue – Symptome, Ursachen und Maßnahmen. *https://publikationen.dguv.de/widgets/pdf/download/article/4428*, 06.03.2024

Kauffeld, Simone (2013): Raus aus dem Jammertal! Harvard Business Manager 2/2013

McKinsey Global Institute (2018): Skill shift – Automation and the future of the workforce. *https://www.mckinsey.com/featured-insights/future-of-work/skill-shift-automation-and-the-future-of-the-workforce*, 31.07.2024

McKinsey & Company (Hrsg.) (2020): Diversity wins – How inclusion matters. *https://www.mckinsey.com/featured-insights/diversity-and-inclusion/diversity-wins-how-inclusion-matters*, 31.07.2024

Lysova, Evgenia I./ Allan, Blake A./ Dik, Bryan J. (2018): Fostering meaningful work in organizations – A multi-level review and integration. Journal of Vocational Behavior 110. *https://www.researchgate.net/publication/326546515_Fostering_meaningful_work_in_organizations_A_multi-level_review_and_integration*, 04.08.2024

Pfläging, Niels/ Hermann, Silke (2021): The Invention of Managements. Whitepaper. *https://betacodex.org/blog/2021/our-latest-white-paper-is-online-the-invention-of-managements/*, 31.07.2024

Poulakos, Ismene/ Kittel, Sonja (2023): Deutschland auf der Flucht vor der Wirklichkeit. Rheingold Marktforschung. *www.rheingold-marktforschung.de/gesellschaft/deutschland-auf-der-flucht-vor-der-wirklichkeit/*, 06.03.2024

Sapolsky, Robert (1996): Why Stress Is Bad for Your Brain. *https://www.science.org/doi/10.1126/science.273.5276.749*, 10.03.2024
Schmitt, Stefan/ Schnabel, Ulrich (2022): Was fehlt, sind positive Zukunftsbilder. DIE ZEIT Nr. 23, Hamburg
Starker, Vera/ Bracht, Eva/ Roos, Katharina/ van Dick, Rolf (2022): Gehirngerecht Arbeiten – Hin zu einer Kultur der Konzentration. Organisationsentwicklung, zoe-online, Hamburg
ZDFheute. (2024): Glücksskala – Deutsche zählen zu den Unzufriedensten in EU. *www.zdf.de/nachrichten/panorama/eu-glueck-deutschland-100.html*, 06.03.2024

STUDIEN

Allen, Joseph A./ Lehmann-Willenbrock, Nale/ Rogelberg, Steven G. (2018): Let's get this meeting started – Meeting lateness and actual meeting outcomes. Journal of Organizational Behavior, 39(8), 1008–1021
Bachmann, T./ Quispe Bravo, K. (2011): Wie entsteht psychologische Sicherheit und Teamidentifikation? Eine empirische Untersuchung. In: Organisationsberatung, Supervision, Coaching 28, 319–337
Bracht, Eva/ Roos, Katharina/ Beckenbach, Hannes/ Starker, Vera (2022): Erfolgreich führen. *https://www.netzwertpartner.de/media/com_form2content/documents/c1/a16/f53/2022-10%20Erfolgreich%20f%C3%BChren_Studienbericht.pdf*, 18.07.2024
Bernstein, Ethan/ Turban, Stephen (2018): The Impact of the 'open' workspace on human collaboration. *https://pubmed.ncbi.nlm.nih.gov/29967303/*, 31.07.2024
Bertelsmann Stiftung (2020): Führungskräfte-Radar. *https://www.bertelsmann-stiftung.de/fileadmin/files/BSt/Publikationen/GrauePublikationen/PP_Fuehrungskraefteradar_Homeoffice_endgueltige_Version.pdf*, 31.07.2024

Best, Volker/ Decker, Frank/ Fischer, Sandra/ Küppers, Anne (2022): Demokratievertrauen in Krisenzeiten – Wie blicken die Menschen in Deutschland auf Politik, Institutionen und Gesellschaft? Friedrich-Ebert-Stiftung, Bonn

Bundesanstalt für Arbeitsschutz und Arbeitsmedizin (BAuA) (2017): Psychische Gesundheit in der Arbeitswelt – Wissenschaftliche Standortbestimmung. Berlin, Dortmund, Dresden

Cao et. al. (2021): Large Scale Analysis of Multitasking Behavior During Remote Meetings. *https://hci.stanford.edu/publications/2021/cao_remote/CHI2021-RemoteMeetingMultitask.pdf*, 31.07.2024

Edmondson, Amy (1999): Psychological Safety and Learning Behavior in Work Teams. In: Administrative Science Quarterly, Vol. 44, No. 2 (Jun., 1999), pp. 350–383

Gallup Engagement Index (2023): *https://www.gallup.com/de/472028/bericht-zum-engagement-index-deutschland-2023.aspx#ite-611066*, 31.07.2024

Garretsen, H./ Stoker, J. I./ Soudis, D./ Wendt, H. (2022): The pandemic that shocked managers across the world– The impact of the COVID-19 crisis on leadership behavior. The Leadership Quarterly

Gerlitz, A./ Hülsbeck, M. (2023): The productivity tax of new office concepts – A comparative review of open-plan offices, activity-based working, and single-office concepts. Management Review Quarterly

Hays (2022): Unternehmen im Krisenmodus!? *https://www.hays.de/personaldienstleistung-aktuell/studie/hays-studie-unternehmen-im-krisenmodus*, 31.07.2024

Jeske, Tim/ Würfels, Marlene/ Frost, Martina/ Lennings, Frank (2020): ifaa-Studie – Produktivitätsstrategien im Wandel – Digitalisierung in der deutschen Wirtschaft. ifaa – Institut für angewandte Arbeitswissenschaft, Düsseldorf

Kauffeld, Simone, & Lehmann-Willenbrock, Nale (2012): Meetings matter – Effects of team meetings on team and organizational success. Small Group Research, 43(2), 130–158

Keech, Jacob J./ Cole, Kaitlyn L./ Hagger, Martin S./ Hamilton, Kyra (2020): The association between stress mindset and physical and psychological wellbeing – testing a stress beliefs model in police officers. Psychology and Health 35, *https://www.tandfonline.com/doi/full/10.1080/08870446.2020.1743841*, 17.03.2024

Madore, Kevin P./ Khazenzon, Anna M./ Backes, Cameron W./ Jiang, Jiefeng/ Uncapher, Melina R./ Norcia, Anthony M./ & Wagner, Anthony D. (2020): Memory failure predicted by attention lapsing and media multitasking. Nature, 587(7832), 87–91

Mark, Gloria (2008): The cost of interrupted work – More speed and stress. *https://www.researchgate.net/publication/221518077_The_cost_of_interrupted_work_More_speed_and_stress/*, 08.03.2024

Microsoft Trend Index (2021): Work Trend Index – Was wir aus dem letzten Jahr für die Arbeitswelt der Zukunft lernen können, *https://news.microsoft.com/de-de/work-trend-index-fuer-die-arbeitswelt-der-zukunft-lernen/*, 31.07.2024

Microsoft Trend Index (2022): Schluss mit der Produktivitätsparanoia – Warum Führungskräfte jetzt umdenken müssen, um Beschäftigte zu halten, *https://news.microsoft.com/de-de/work-trend-index-fuer-die-arbeitswelt-der-zukunft-lernen/*, 31.07.2024

Mutaree (2021): Change Fitness Studie – Beobachtungen aus Pre-Pandemiezeiten bis zum Zeitenbruch und darüber hinaus. *https://mutaree.com/content/change-fitness-studie*, 31.07.2024

Rheingold Institut (2021): Homeoffice – Führungskräfte zwischen Vertrauen und Kontrolle. *https://www.rheingold-marktforschung.de/rheingold-studien/homeoffice-fuehrungskraefte-zwischen-vertrauen-und-kontrolle/*, 31.07.2024

Rump, Jutta/ Marc Brandt (2020): Zoom-Fatigue – Eine Studie des Instituts für Beschäftigung und Employability IBE. *https://www.ibe-ludwigshafen.de/fileadmin/ibe/Medien/Publikationen/Folien_IBE-Studie_Zoom-Fatigue_2-Phase.pdf*, 31.07.2024

Schulz-Dadaczynski, A., Stab, N., Lohmann-Haislah, A. & Junghanns, G. (2022): Arbeitsintensität – Umgang mit Zeitdruck, Leistungsdruck und Informationsflut in der betrieblichen Praxis. Reihe Managementpsychologie, Bd. 4, Göttingen: Hogrefe

Spreitzer, Gretchen M. (2017): Psychological empowerment in the workplace – Dimensions, measurement, and validation. Academy of Management Journal, Vol 18, No 5

Starker, Vera/ Roos, Katharina/ Bracht, Eva/ Graudenz, Dirk (2022): Kosten von Arbeitsunterbrechungen für deutsche Unternehmen – Auswirkungen von Fragmentierung auf Produktivität und Stressentwicklung. *https://nextworkinnovation.com/wp-content/uploads/2022/06/PMI_NWI_Tagebuchstudie-Arbeitsunterbrechungen-und-Produktivitaet_150622.pdf*, 10.03.2024

Starker, Vera/ Roos, Katharina/ Aguntius, Felix (2024): In ungewissen Zeiten – Zuversicht und die veränderte Rolle von Führung im Unternehmenskontext. *https://nextworkinnovation.com/studie-zuversicht-unternehmen-krise/*, 18.07.2024

ENDNOTEN

1 https://nextworkinnovation.com/studie-zuversicht-unternehmen-krise/.
2 https://www.businessinsider.de/wirtschaft/stimmung-in-deutschland-schlecht-wie-nie-laut-meinungsforscher-mehr-optimisten/.
3 Ebenda.
4 Ebenda.
5 https://www.handelsblatt.com/finanzen/banken-versicherungen/deutsche-boerse-boersen-chef-weimer-kritisiert-regierung-scharf/100043444.html.
6 https://www.handelsblatt.com/politik/deutschland/imd-studie-wirtschaftsstandort-deutschland-faellt-weiter-zurueck/100046096.html.
7 Handelsblatt Change Handbook, S. 3.
8 https://www.ey.com/de_de/news/2024/02/ey-ceo-survey-februar-2024.
9 https://nextworkinnovation.com/studie-zuversicht-unternehmen-krise/.
10 Ebenda.
11 https://www.handelsblatt.com/unternehmen/management/leadership-schwere-zeiten-starke-maenner-die-riskante-sehnsucht-nach-der-harten-hand/100019742.html.
12 https://www2.deloitte.com/de/de/pages/presse/contents/Deloitte-Restructuring-Report-2023-2024.html.
13 https://www.egonzehnder.com/cdn/serve/article-pdf/1633681948-0ae9a04f7e-8762266f8e022d6e2f69f6.pdf.
14 Ebenda.
15 https://www.handelsblatt.com/unternehmen/management/leadership-schwere-zeiten-starke-maenner-die-riskante-sehnsucht-nach-der-harten-hand/100019742.html.
16 https://www.manager-magazin.de/hbm/fuehrung/studie-so-beeinflusst-das-wetter-die-leistungsbewertung-a-35421e70-8ece-41b4-b833-59d42ee89e88.
17 https://www.handelsblatt.com/karriere/umfrage-zu-change-management-wo-sehen-manager-die-groessten-probleme/100045929.html.
18 https://www2.deloitte.com/de/de/pages/finance/articles/restructuring-report.html.
19 https://studien.hays.de/unternehmen-im-krisenmodus/start.
20 https://www.handelsblatt.com/karriere/umfrage-zu-change-management-wo-sehen-manager-die-groessten-probleme/100045929.html.
21 https://www.mckinsey.com/~/media/mckinsey/business%20functions/people%20and%20organizational%20performance/our%20insights/what%20successful%20transformations%20share%20mckinsey%20global%20survey%20results/what%20successful%20transformations%20share%20mckinsey%20global%20survey%20results.pdf.
22 https://www2.deloitte.com/de/de/pages/finance/articles/restructuring-report.html.
23 Starker et al. (2021).
24 https://mutaree.com/services/change-ted/.
25 Schmidt, Manfred G. (2010): Wörterbuch zur Politik. 3., überarbeitete und aktualisierte Auflage. Kröner, Stuttgart, S. 443 f.
26 https://www.betterplace-lab.org/ist-immer-krise.

27 Azhar (2022).
28 https://www.spektrum.de/news/nostalgie-sehnsucht-nach-gestern/1662036, 09.03.2024.
29 Ebenda
30 Ebenda.
31 https://www.zeit.de/2024/14/christian-lindner-fdp-wirtschaftswende-nato.
32 https://www.handelsblatt.com/unternehmen/management/putin-trump-milei-was-autoritaere-fuehrer-fuer-viele-menschen-attraktiv-macht/100027561.html.
33 https://www.zeit.de/arbeit/2024-04/generation-z-vorurteile-faulheit-diw-studie.
34 https://www.handelsblatt.com/meinung/gastbeitraege/gastkommentar-generation-z-floppt-in-der-arbeitswelt/29106344.html.
35 https://www.researchgate.net/publication/328030090_Der_Generationenmythos.
36 https://www.spiegel.de/wirtschaft/work-life-balance-die-deutschen-haben-immer-weniger-lust-zu-arbeiten-a-7c159c6d-84fe-4237-8407-06fe7392f461.
37 https://www.spiegel.de/karriere/arbeitsbelastung-in-deutschland-studie-belegt-steigende-erschoepfung-durch-ueberfluessige-aufgaben-a-2e22195d-31bb-4826-9a69-500acd459829?sara_ref=re-nl-dielageammorgen-2024_08_01.
38 https://www.gallup.com/de/472028/bericht-zum-engagement-index-deutschland-2023.aspx.
39 https://www.rheingold-marktforschung.de/gesellschaft/deutschland-auf-der-flucht-vor-der-wirklichkeit/.
40 https://www.manager-magazin.de/hbm/management/jahresgespraech-neues-beurteilungssystem-fuer-manager-und-mitarbeiter-a-00000000-0002-0001-0000-000149763207.
41 https://www.pnas.org/doi/full/10.1073/pnas.2120755119.
42 https://www.manager-magazin.de/hbm/buerokonzepte-alles-nur-nicht-grossraum-a-990c59a7-2a18-41ae-a3be-af175fb052c8?context=issue.
43 Bernstein et al. (2018).
44 Andrea Gerlitz et al. (2023).
45 https://news.microsoft.com/de-de/work-trend-index-auf-diese-drei-trends-muessen-fuehrungskraefte-jetzt-reagieren/.
46 https://www.businessinsider.de/karriere/mindestens-vier-tage-deutsche-bank-holt-manager-zurueck-ins-buero/.
47 https://www.handelsblatt.com/finanzen/banken-versicherungen/banken/homeoffice-streit-deutsche-bank-findet-vorerst-kompromiss/100048515.html.
48 https://www.sueddeutsche.de/wirtschaft/sxsw-amy-webb-innovationen-deutschland-1.6439743?login.
49 https://www.strategyand.pwc.com/de/de/presse/generative-ki-kann-bip-heben.html.
50 https://news.microsoft.com/de-de/work-trend-index-2024-microsoft-und-linkedin-veroeffentlichen-bericht-zum-einsatz-von-ki-bei-der-arbeit/.
51 https://metafinanz.de/news/nur-42-prozent-der-entscheider-halten-den-mittelstand-fuer-zukunftsfaehig.

52 Ebenda.
53 https://www.investmentweek.com/langfristige-schaden-durch-schlechte-restrukturierungen/.
54 https://newmanagement.haufe.de/leadership/interview-mit-gary-hamel-buerokratie-hemmt-performance.
55 Weichselbaum (2020).
56 Harvard Business Manager, Heft März 2020.
57 https://www.humanocracy.com/course/BMI.
58 https://nextworkinnovation.com/studie-zuversicht-unternehmen-krise/.
59 https://www.absatzwirtschaft.de/worauf-kommt-es-beim-thema-fuehrung-an-238640/.
60 https://www.spiegel.de/karriere/deutschland-zwei-drittel-der-fuehrungskraefte-sind-erschoepft-umfrage-a-249d1a4f-18cd-4216-b675-d9625c2b28e3?sara_ref=re-so-app-sh.
61 Ebenda.
62 Ebenda.
63 Ebenda.
64 Esmailzadeh (2023).
65 Harvard Business Manager, Heft Juli 2022.
66 Spreitzer, G. (2017).
67 https://wirtschaftspsychologie-aktuell.de/magazin/personal/mit-empowerment-zu-mehr-innovation.
68 Laloux (2017).
69 Edmondson (1999).
70 Bachmann (2011).
71 Starker et al. (2022).
72 Mark et al. (2008).
73 IAG (2021).
74 https://www.dak.de/dak/bundesthemen/erneuter-hoechststand-bei-psychisch-bedingten-fehltagen-2609614.html#/.
75 Microsoft Trend Index (2022).
76 https://www.handelsblatt.com/politik/deutschland/ifaa-studie-digitalisierung-die-hoffnung-auf-einen-produktivitaetsschub-ist-truegerisch/26061372.html.
77 Busch (2021).
78 https://www.baua.de/DE/Themen/Monitoring-Evaluation/Zahlen-Daten-Fakten/BIBB-BAuA/BIBB-BAuA-2018.
79 https://www.microsoft.com/en-us/worklab/work-trend-index/will-ai-fix-work.
80 https://www.spiegel.de/wirtschaft/arbeitseinsatz-lindner-sieht-arbeitseinstellung-der-deutschen-als-wachstumsfaktor-a-90db6114-abb6-43a9-ae28-03086f08bae0.
81 https://de.statista.com/statistik/daten/studie/161772/umfrage/anteil-der-beschaeftigung-in-wissensintensiven-dienstleistungsbereichen/.

82 https://de.statista.com/statistik/daten/studie/255082/umfrage/struktur-des-bruttoinlandsprodukts-in-deutschland/.

83 https://www.mckinsey.com/featured-insights/diversity-and-inclusion/diversity-wins-how-inclusion-matters.

84 https://www.mckinsey.de/news/presse/2024-03-06-diversity-matters-even-more.

85 https://www.mckinsey.de/news/presse/2023-09-18-kulturelle-vielfalt.

86 https://www.anti-bias.eu/biaseffekte/in-group-bias-und-out-group-bias/.

87 https://www.manager-magazin.de/hbm/fuehrung/altersmix-im-team-wie-jung-und-alt-gut-zusammenarbeiten-a-666da98f-7278-41e8-b3b8-6fba6504b3d6.

88 https://www.tagesschau.de/wirtschaft/arbeitsmarkt/fachkraefte-rente-100.html.

89 https://www.handelsblatt.com/politik/deutschland/fachkraeftemangel-dihk-18-millionen-stellen-in-deutschland-derzeit-unbesetzt/100001639.html.

90 https://www.mckinsey.de/news/presse/2023-09-18-kulturelle-vielfalt.

91 Ebenda.

92 https://www.deutschlandfunk.de/auslaendische-fachkraefte-wuenschen-sich-mehr-hilfe-und-erleben-diskriminierung-100.html.

93 https://de.statista.com/statistik/daten/studie/1322154/umfrage/anteil-junger-menschen-an-der-gesamtbevoelkerung/.

94 https://www.destatis.de/DE/Presse/Pressemitteilungen/2023/08/PD23_N046_13_12.html.

95 https://www.bpb.de/kurz-knapp/zahlen-und-fakten/soziale-situation-in-deutschland/61646/bevoelkerung-mit-migrationshintergrund/.

96 Esmailzadeh et al. (2022).

97 HBM 42. Jahrgang, Heft März 2020.

98 https://www.anti-bias.eu/biaseffekte/gender-bias-in-leistungsbeurteilungen/ m.w.N.

99 Ebenda.

100 https://www.allbright-stiftung.de/fakten.

101 https://www.mckinsey.de/news/presse/2024-03-06-diversity-matters-even-more.

102 https://www.adhs.info/fuer-erwachsene/wichtige-zahlen-und-fakten/.

103 https://www.hu-berlin.de/de/studium/beratung/psyber/hintergrundinformationen/hintergrundinformationen-hochbegabung.pdf.

104 https://www.zeit.de/arbeit/2019-01/introvertierte-job-smalltalk-telefonate-arbeitsleben-tipps.

105 https://diversicon.de/neurodiversitat-in-unserer-arbeitswelt/.

106 https://news.sap.com/germany/2023/04/autism-acceptance-month-autismus/.

107 https://www.iwd.de/artikel/inklusion-birgt-potenziale-fuer-den-arbeitsmarkt-529879/.

108 https://www.ivanti.com/resources/research-reports/everywhere-work-report.

109 https://www.destatis.de/DE/Presse/Pressemitteilungen/2024/02/PD24_073_63991.html.

110 https://de.statista.com/statistik/daten/studie/1463816/umfrage/teilzeitquote-nach-geschlecht/.

111 https://www.diw.de/de/diw_01.c.899502.de/in_deutschland_wird_so_viel_gearbeitet_wie_noch_nie_____durc___e_wochenarbeitszeit_geht_seit_wiedervereinigung_aber_zurueck.html.
112 Rheingans (2019).
113 https://www.baua.de/DE/Angebote/Publikationen/Fakten/BIBB-BAuA-08.html.
114 Badura et al. (2005).
115 Ebenda.
116 https://research-and-innovation.ec.europa.eu/knowledge-publications-tools-and-data/publications/all-publications/industry-50-towards-sustainable-human-centric-and-resilient-european-industry_en.
117 Nassehi (2024).
118 https://www.manager-magazin.de/unternehmen/krisen-management-wie-ceos-sich-in-der-krise-das-vertrauen-ihrer-belegschaft-bewahren-a-e7e820bd-8fb5-4cc3-8d28-0402726bdc74.
119 Trendstudie Zukunftsinsitut (2021).
120 Ebenda.
121 https://www.researchgate.net/publication/326546515_Fostering_meaningful_work_in_organizations_A_multi-level_review_and_integration.
122 Trendstudie Zukunftsinsitut (2021) m.w.N.
123 https://www.destatis.de/DE/Presse/Pressemitteilungen/2024/06/PD24_246_325.html.
124 https://nachhaltigkeitsbericht.vaude.com/gri/vaude/wachstum.php.
125 https://de.wikipedia.org/wiki/Gemeinwohl-Bilanz.
126 https://www.handelsblatt.com/politik/deutschland/gemeinwohlorientierte-unternehmen-so-will-die-bundesregierung-soziale-unternehmer-foerdern/29389656.html.
127 https://www.manager-magazin.de/ueber-uns/die-100-groessten-familienunternehmen-paramount-delivery-hero-das-war-montag-8-07-2024-a-a011ef32-8a78-4f65-a50f-3a30ee8f11ad.
128 https://effectuation.org/the-effectuation-toolkit?hsCtaTracking=03ebe840-4f13-4137-b1a4-41a379950be3%7Cf6b3c698-d448-4f1b-ae71-919a65d77983.
129 Faschingbauer (2021).
130 Eidenschink (2022).
131 Riel et al. (2019).
132 https://www.sueddeutsche.de/wirtschaft/dax-manager-zukunft-unternehmensfuehrung-1.4486564.
133 Weichselbaum, (2020).
134 https://open-champions.de/.
135 https://allianz-der-chancen.de/#herausforderungen.
136 https://de.mitsubishielectric.com/fa/solutions/efactory/alliance#.
137 https://connecting-humans.net/connecting-humans-wol/.
138 Pfläging et al. (2021).

139 Hamel (2020).
140 Robertson (2016).
141 Senge (2011).
142 Microsoft Trend Index 2022.
143 https://nextworkinnovation.com/studie-zuversicht-unternehmen-krise/.
144 https://www.sueddeutsche.de/kultur/arbeitswelt-fuehrung-kultur-unternehmen-lux.TT7q9HtujYcTy5uFHpXZzD.
145 Weitere Informationen unter https://the-focused-company.com/.
146 Starker et al. (2020).
147 https://t3n.de/news/5-gruende-neuroergonomisches-arbeiten-1427025/-
148 Starker et al. (2020).
149 https://www.dsb.de/aktuelles/artikel/news/dsb-themenwoche-ist-der-flow-der-weg-zum-glueck.
150 https://www.theregister.com/2005/04/22/email_destroys_iq/.
151 https://www.haufe.de/arbeitsschutz/gesundheit-umwelt/multitasking-kleine-unterbrechungen-mit-grossen-folgen_94_404590.html.
152 Allen et al. (2018).
153 Kauffeld et al. (2012).
154 Cao et al. (2021).
155 Madore et al. (2020).
156 https://www.rheingold-marktforschung.de/rheingold-studien/homeoffice-fuehrungskraefte-zwischen-vertrauen-und-kontrolle/.
157 https://www.swr.de/swr1/zurueck-ins-buero-nein-danke-arbeitsplatz-2024-06-22-100.html
158 https://www.spiegel.de/karriere/homeoffice-vs-praesenzpflicht-wie-aus-der-zeit-im-buero-heilige-tage-werden-koennen-a-805ee3a0-5330-4590-a8a6-78661fc8d5e4
159 https://www.ncbi.nlm.nih.gov/pmc/articles/PMC3152826/.
160 Starker et al. (2022).
161 https://nextworkinnovation.com/studie-zuversicht-unternehmen-krise/.
162 https://dorsch.hogrefe.com/stichwort/stress-puffer-modell.
163 https://scholar.harvard.edu/files/marianabockarova/files/tend-and-befriend.pdf.
164 https://www.mckinsey.com/de/news/presse/2024-05-23-mgi-genai-future-of-work.
165 https://www.researchgate.net/publication/342962333_Eskalierendes_Commitment_Warum_Menschen_an_fehlgehenden_Handlungsstrangen_festhalten.
166 https://www.researchgate.net/publication/366669640_Homeoffice_und_gesunde_Hochleistung_Emotionsorientierte_Fuhrung_als_Schlusselfaktor.
167 Dweck (2017).
168 https://www.mdc-berlin.de/de/news/news/das-sich-selbst-erneuernde-hirnforschungsthema-von-gerd-kempermann.
169 Weichselbaum (2020).

Endlich wieder konzentriert arbeiten!

Wertschöpfung im digitalen Zeitalter wirklich, wirklich neu denken. The Focused Company New Work-Book für Unternehmen

Vera Starker, Matthias Schneider

The Focused Company ist das erste systemisch integrierte Framework für konzentriertes Arbeiten in Unternehmen. Damit lässt sich die Produktivität der Wissensarbeitenden deutlich steigern, da es relevante neuroergonomische Grundprinzipien umsetzt, die Selbstorganisation von Mitarbeitenden deutlich erhöht, Führung neu definiert und eine Kultur der Konzentration implementiert.

Softcover, 180 Seiten
ISBN: 978-3-948612-05-4
26,- €

Ich war noch niemals in New Work

Ameise Ada und ihre Vision vom agilen Ameisenhaufen

Vera Starker

Frithjof Bergmann über Ada: „The book by Vera Starker touched me deeply and gave me great deal of pleasure and delight. She has managed to capture, sometimes with a subtle humor, a great many of the central ideas of New Work, and to work these ideas into an attractive parable."

Capital: Viele kluge Gedanken und Anekdoten zum Vortragen und Umsetzen.

Hardcover, 148 Seiten
ISBN: 978-3-948612-08-5
18,90 €

Konzept: Vera Starker
Texte: Vera Starker, Dr. Katharina Roos, Sebastian Holtkemper
Gestaltung & Satz: Julia Krämer
Lektorat: Susanne Schulten, Schöne Worte, Duisburg
Druck und Bindung: Lokay Umweltdruckerei
Papier: Circle Offset Premium White 100% Recycling,
Blauer Engel zertifiziert

Die Umwelt liegt uns am Herzen!
100% Recyclingpapier, Ökodruckfarben
und klimafreundlicher Druck in Deutschland
sind für uns selbstverständlich.

RBV Verlag GmbH
Taufsteinweg 3
13158 Berlin
www.rossberg-verlag.de

2. Auflage

Taufsteinweg 3
13158 Berlin
ISBN: 978-3-948612-22-1

Dieses Druckerzeugnis wurde mit dem Blauen Engel ausgezeichnet